李学勤先生清华讲义丛书

《五帝本纪》《夏本纪》讲义

李学勤◎著

程薇 张静芳◎整理

刘国忠◎审校

清华大学出版社

北京

内 容 简 介

本书由两部讲义组成，分别是《史记·五帝本纪》的讲义和《史记·夏本纪》的讲义。这两部讲义是李学勤先生于2007年和2012年分别给中国文化论坛"首届文化素质通识教育核心课程讲习班"和"第六届通识教育核心课程讲习班"授课的内容，根据当时的课堂录音整理而成。书后附录了几篇李学勤先生有关五帝时代和夏代历史研究的论文，便于读者更全面地认识李学勤先生的相关研究成果。

本书是授课稿，语言形象生动，作者把对《五帝本纪》和《夏本纪》的研究以通俗的形式加以表达，达到了学术性和普及性的完美结合，同时也是有关这两篇文献的前沿研究成果。

图书在版编目（CIP）数据

《五帝本纪》《夏本纪》讲义 / 李学勤著；程薇，张静芳整理.— 北京：清华大学出版社，2022.3

（李学勤先生清华讲义丛书）

ISBN 978-7-302-60069-5

Ⅰ.①五…　Ⅱ.①李…　②程…　③张…　Ⅲ.①中国历史—古代史—纪传体 ②《史记》—研究　Ⅳ.①K204.2

中国版本图书馆CIP数据核字（2022）第016578号

责任编辑：梁　斐
封面设计：何凤霞
责任校对：赵丽敏
责任印制：沈　露

出版发行：清华大学出版社
　　网　　　址：http://www.tup.com.cn, http://www.wqbook.com
　　地　　　址：北京清华大学学研大厦A座　　　邮　　编：100084
　　社 总 机：010-83470000　　　　　　　　　邮　　购：010-62786544
　　投稿与读者服务：010-62776969, c-service@tup.tsinghua.edu.cn
　　质量反馈：010-62772015, zhiliang@tup.tsinghua.edu.cn
印 装 者：三河市东方印刷有限公司
经　　销：全国新华书店
开　　本：148mm×210mm　　印　　张：8　　字　　数：180千字
版　　次：2022年3月第1版　　　　　　印　　次：2022年3月第1次印刷
定　　价：49.00元

产品编号：095224-01

出版说明

　　李学勤先生（1933—2019）是中国当代著名历史学家、考古学家、古文字学家、古文献学家和教育家，被学术界誉为"百科全书式的学者"，享有崇高的学术威望。他长期致力于中国古代文明的研究，在多个学科领域作出了开创性的贡献，引领和推进了中国古代史、考古学、古文字学等学科的发展。

　　1951—1952 年，李学勤先生就读于清华大学哲学系，随后到中国科学院考古研究所参与《殷虚文字缀合》一书的编写，从此走上学术道路。虽然李先生在清华大学仅学习了一年多的时光，但对母校充满了深厚的感情。20 世纪 90 年代，他在清华大学成立了国际汉学研究所，倡导国际汉学的研究；后来又兼任清华大学思想文化研究所所长，积极推进清华大学的简帛学研究。2003年，李先生从中国社会科学院历史研究所回到清华大学全职工作，为学校的发展殚精竭虑。2008 年，他慧眼识宝，积极促成了清华简的入藏，并主持建立了清华大学出土文献研究与保护中心，大力推动出土文献的学科建设，相关的工作已经成为清华大学文科建设与发展的一张亮丽名片。

　　在积极高效地从事科研工作的同时，李学勤先生也非常重视出土文献领域的人才培养，2005 年以来，李先生先后在清华大学开设了甲骨学、青铜器概论、金文研究、出土文献与古史新证等课程，产生了广泛的影响。当时北京及周边地区的许多专家学者纷纷前来听课，每次课堂上都人气爆棚，一座难求。在这些课堂里，李先生以渊博的学识、敏锐的见解、风趣的语言为莘莘学子带来了一次次的学术大餐，其盛况已成了空谷绝响。

为了更好地继承和发扬李学勤先生的学术思想与学术成就，清华大学出土文献研究与保护中心与清华大学出版社合作，拟将李先生历年在清华大学授课的讲义整理出版。作为专项课题的"李学勤先生讲课稿、笔记整理"（项目编号 G1815），亦已纳入中宣部等八部门领衔的国家重大文化工程"古文字与中华文明传承发展工程"，作为重点任务加以推进。本套讲义系根据李学勤先生授课时所录的视频和音频资料整理而成，从而最大限度地展现了这些课程的现场原貌和授课效果。为了便于读者更好地理解李先生的授课内容，我们还特地选收了先生的部分论文作为附录。本次先推出《〈五帝本纪〉〈夏本纪〉讲义》一书，其他讲义将陆续推出。

《〈五帝本纪〉〈夏本纪〉讲义》是李学勤先生应中国文化论坛之约，分别于 2007 年和 2012 年暑期在清华大学和北京大学给通识教育核心课程讲习班的学员讲授《史记》的《五帝本纪》和《夏本纪》两篇文献的讲义内容。其中的《五帝本纪》讲义曾于 2012 年以《〈史记·五帝本纪〉讲稿》为名，由生活·读书·新知三联书店出版，此次收录丛书时，又由清华大学出土文献研究与保护中心的刘国忠教授根据当时的录音资料全部重新核校，补充和订正了部分内容。《夏本纪》讲义则此前从未正式整理出版。

《〈五帝本纪〉〈夏本纪〉讲义》一书的出版，是与许多学者的热心帮助分不开的，在此我们要特别感谢中国文化论坛慨允将这两篇讲义收入"李学勤先生清华讲义丛书"之中，感谢甘阳、曹莉、张静芳等诸位先生的热心帮助和大力推动。

　　由于我们的水平与能力有限，本次整理这两篇讲义的工作肯定还存在不少欠缺和不足，希望得到广大读者的批评指正。

清华大学出土文献研究与保护中心

2021 年 8 月 31 日

目 录

《五帝本纪》讲稿[*]

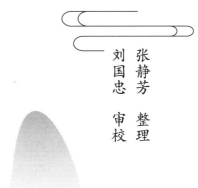

张静芳　整理

刘国忠　审校

* 本讲稿根据李学勤先生在 2007 年 7 月中国文化论坛"首届文化素质通识教育核心课
程讲习班"上的讲课录音整理而成。

第一讲

大家早上好。今天我们要读的文本是《史记·五帝本纪》。一开始听到主办方给我出的这个题目，我真是大吃一惊，因为据我所知，近代以来，没有人在课堂上专门讲过《史记·五帝本纪》。《史记·五帝本纪》是我们传统的正史——"二十四史"——第一部的第一篇，内容涉及我们国家、民族的形成，尤其是文明起源问题。中华文明的起源，正是当前我们国家走向崛起的时代中，社会公众普遍关心的一个问题，对中华文明起源的研究也已列入国家科技重点攻关计划，有关的研究目前正在大规模展开。在这样的背景下，我们有机会在一起研读《史记·五帝本纪》，我觉得是一件特别有意义的事情，所以我也非常乐于在这里把我关于这篇重要著作的印象和认识给大家介绍一下。

《五帝本纪》的写作年代距今较远，文中所谈的内容又是那么古远，因此阅读难度比较大。大家都已经拿到文本，读过之后肯定已经感受到了这一点。但所谓难，并不在于文字难读，而在于怎么理解它的记载，如何认识它的价值和意义，这也正是我为大家讲解的主要内容，当然我们也会在课堂上把它的文字一段一段地过一遍。

首先介绍一下《史记·五帝本纪》。我刚才说了，它是我们国家正史第一部的第一篇，那么，什么叫"正史"？这是一种传统说法。不是说正史就一定好，别史、杂史、小史就一定差；不过在传统上，"经史子集"的"史"，首先就是正史类，而正史主要就是我们常说的"二十四史"，第一部就是司马迁的《史记》。《史记》是我国第一部纪传体史书，其开篇就是《五帝本纪》，由此可见《五帝本纪》在整个正史体系中的特殊地位。作者司马迁是西汉武帝时的人。关于司马迁的确切生卒年，学术界一直有争议，因为在古书中就有不同的记载。现在我们通用的认识是：他生于公元前145年，死于公元前86年。当然这不是一个准确的数字，前后可能有十年左右的出入，但所谓"知人论世"，我们基本了解司马迁所处的年代就够了。司马迁主要活动于公元前2世纪后半叶，所以《史记》是公元前2世纪到公元前1世纪初的一部著作，这是可以确定的。

　　《史记》并非所有部分都是由司马迁本人撰写的。司马迁一生遭遇波折，因李陵案牵连，被冤受刑，后来虽恢复了名誉，但从此郁郁不得志，心境沉郁，所以他在《史记》中没有对汉朝统治者大加歌颂，反而是把统治者不愿为人所知的一些事情写了出来，特别是有关汉高祖。因此，《史记》在汉朝统治者看来是一种"谤书"，在当时并不十分流行。大家如果细读的话，可能会发现一个奇怪的现象：《汉书》中保存的古字、古义反而比《史记》中要多。我们知道，汉朝时还留存着一些古字。班固作《汉书》，完全站在统治者的立场上，因此《汉书》一出，马上传行天下；而《史记》则受到很大压制，反而流传不广。《史记》一百三十卷，在流传过程中受到一些损失，所以有一部分是后人（主要是褚少孙）补写的。褚少孙很有学问，但毕竟比不上司马迁，后补的部分自然就逊色一些。不过，我们今天讲的《五帝本纪》是司马迁本人所写，这一点是没有疑问的。

我们这次课程的指定阅读文本是《史记》三家注。[①] 所谓"三家注"，第一是六朝刘宋时的裴骃所著《史记集解》，第二是唐朝司马贞所著《史记索隐》，第三是唐朝张守节所著《史记正义》。不过要指出的是，"三家注"本的《史记正义》有很多删减，而这些删减的内容在日本的一本古书里有保存，当然其中的一部分也可能不是真的。这是《史记》"三家注"的情况。《史记》如果没有"三家注"，很多地方我们读不懂，因为它是一部相当古老的书，很多解释不能靠简单推测，而是要根据"三家注"来加以认识，而且"三家注"里面有许多讨论，也会引起大家的兴趣。

《史记》的"本纪"部分有一个特殊结构，是司马迁基于对古代历史的整体认识来划分的。我们知道"二十四史"多数是断代史，但《史记》本来并不是断代史。司马迁从远古写起，一直写到他身处的汉武帝时期，所以对司马迁来说，他写的是整个历史，这与《汉书》以后的正史是不大一样的。在这方面，《史记》和希罗多德的《历史》有类似之处。司马迁的《史记》和希罗多德的《历史》是东西辉映的两部巨著。

司马迁是怎么划分本纪的呢？第一篇是《五帝本纪》，其后是《夏本纪》《殷本纪》《周本纪》《秦本纪》，再后面我们先不谈。我们可以看到，他把先秦历史分为四段，五帝是一段，然后是夏、殷（即商）、周。夏、殷、周这三段的写法类似，五帝则是另外一种写法。因此在司马迁看来，五帝是一个大的时期，然后夏、

---

① 编者注：本书选用《五帝本纪》和《夏本纪》三家注原文版本均为中华书局1982年点校本，后文不再赘述。

殷、周又是一个时期，秦以后又是另一个时期。这样的划分法具有重要意义，而且也符合历史的发展。按照司马迁的说法，"五帝"依次为黄帝、颛顼、帝喾、帝尧、帝舜，"五帝"之后是一个个的朝代。那么，"五帝"之前有没有历史呢？司马迁认为，"五帝"之前是有历史的，中国历史并不是从黄帝开始的；黄帝以前的历史他没有讨论，黄帝以后开始讨论，到夏朝以后又是另外一个样子进行讨论。因此，在司马迁看来，黄帝时期是一个界限，"五帝"以前是一个渺茫的、无法叙述的时期，从"五帝"开始就可以叙述了，然后再一个一个朝代谈下来。这一点在今天看来，有很重要的科学依据。

我们今天对古代社会有几种不同的划分方法，当然大家比较习惯的是按照社会发展来划分，比如说，原始社会、奴隶社会、封建社会、资本主义社会、社会主义社会，这是按照五种生产方式来分。过去还有一种很流行的分法，是把整个历史分为史前时期和历史时期。当年苏联的学者反对用"史前史"这个词，说"史前"怎么还有历史呢？实际上这个词在英文中就是 prehistory。那么，prehistory 和 history 两者怎么区别？有一个很简单的说法：有文字记载的历史是 history；没有文字记载，主要用考古学、人类学或语言学等方法探测的是 prehistory。20 世纪中叶以后，国际上认为这样划分不够清晰，因为中间有很长一段历史时期既有文献记载，又需要用大量考古学、人类学的方法进行补充。这样的一个时期是很长的，有上千年甚至更多的时间。现在国际上将这段时期称为 protohistory，我们一般将其译为"原史时期"。在这个时期，文献记载和考古学并重，越靠前考古学的比例越大，越靠后则文献记载的比例越大。如果按照这种方法，我们可以将中国的先秦历史做以下划分：黄帝之前，基本上都是神话传说，文献记载几乎没有，可以说是"史前时期"；从五帝时期开始有所记载，可以说它介于"史前"和"原史"之间；从夏代开始，文献记载比较多了，夏、商、西周应该说是protohistory，即"原史时期"；一般认为从春秋以后就是history，即"历史时期"。大家知道，欧洲的历史时期是很晚的，我们要比它详细。这样来看，司马迁对本纪的划分是很有道理的。而且司马迁把五帝时代和夏、商、周又分开，分得很细，很有道理。

我们读《五帝本纪》这篇东西，目的是为了什么？很重要的一点就是要探索我们的国家、民族历史，特别是中国文明的起源。大家知道，不是有文化就有文明，文化是culture，文明是civilization。文明是人类发展到一定时期的结果，它需要达到一定的标准，在此之前不能算是文明时期，有关的情况今天不能来详细讨论。

我们刚才对司马迁的生卒年做了一下说明，那么"五帝时期"是什么时候呢？具体时间现在还不是很清楚，但基本来说，大约始于五千年前，这是中国传统的说法。我们经常说我们是"炎黄子孙""有五千年的文明史"，其实这两个说法是一回事，就是从《五帝本纪》来的。《五帝本纪》开始于炎黄时期，主要是从黄帝即位讲起。黄帝生活在什么时期呢？这个问题有很多种说法，但一般来说，是在距今四千七百多年到五千年之间，我们就保守一点说是四千七百年左右。在黄帝之前是炎帝，按照古书传说，炎帝有八世，即神农氏有八代。古代一般是三十年算一世，炎帝八世，就是二百四十年，加上四千七百多年正好是五千年。

中国准确的纪年是从什么时候开始的呢？现在这方面有很多

研究。"九五"期间我们有一个"夏商周断代工程",这是一个自然科学和人文社会科学相结合的大型科技攻关项目,我们制定了《夏商周年表》,可以说是迄今为止最有科学依据的一份年表,当然,不是最后的。历史是连续的,可以一年一年往前推,而且不但可以逐年推,甚至可以逐月、逐日往前推。中国的历史,我们一直能推到公元前841年,在此之后是不容怀疑的,因为它非常准确。公元前841年是西周晚期的共和元年。西周晚期的周厉王昏庸残暴,压迫百姓,后来百姓起来反抗他,把他赶走了。赶走之后国家没有王了,也没有再立王,就由一些大臣共同执政,叫作"共和",今天我们说"共和国"就是借用了这个说法。共和元年是《史记·十二诸侯年表》的第一年,再往前,司马迁虽然看过很多种年表材料,但他认为其间互相矛盾,所以没有采用,《十二诸侯年表》之前只编成《三代世表》。有人可能会想:你这么说是不是泄中国人的气啊?不是这样,不管希腊、罗马也罢,古代埃及也罢,两河流域更不用说了,他们的精确年表也大都推到公元前七八世纪,和我们差不多。我们今天所讲的《五帝本纪》,距离公元前841年已经很远了。

中国有五千年的文明史,非常悠久,但是中国历史究竟古到什么程度,在人类历史上究竟处于一个什么位置,恐怕很多人都没有概念。我们可以做一个具体的比较说明。在世界古代历史上,年表的研究最多,而且比较准确的是古埃及年表。古埃及和中国一样是四大文明古国之一,它的年表是怎么建立起来的呢?它是依据一本古书,其作者是古埃及的一位僧侣(或者叫祭司),古代的僧侣、祭司每每都是学者,这位祭司就是一个很好的学者,名叫曼涅托(Manetho)。曼涅托是公元前2世纪的人,写了一部《埃及史》，可能比司马迁稍早一些。在他生活的年代，世界七大奇迹之一的亚历山大城图书馆还存在。曼涅托看到的很多资料，在这座图书馆毁灭之后就不复存在了，所以他看到的东西多是后人所看不到的，正如司马迁看到的东西大多是我们看不到的一样。

曼涅托的《埃及史》虽然已经散佚，但是它的内容有不少通过其他书籍的引文保存了下来。由此，我们知道他对古埃及的整个历史是如何划分的。曼涅托把古代埃及的历史分为三大时期，三十一个王朝。三大时期是指古王国时期（Old Kingdom）、中王国时期（Middle Kingdom）和新王国时期（New Kingdom）。还有一些中间期，我们就不管它了。

在中国，"五帝时代"大约是在公元前 3000 年到公元前 2070年。根据"夏商周断代工程"以自然科学和人文社会科学相结合的方法研究，我们把夏大约定在公元前 2070 年到公元前 1600 年，商大约是公元前 1600 年到公元前 1046 年——公元前 1046 年是最有可能的武王克商之年，有天文学的依据，西周是从公元前1046 年到公元前 771 年。这样的划分不一定准确，但这是目前我们所能列出的比较可靠的一个年表。

大家再来看埃及的年表。我给出的数字是根据最新的一个年表，出自牛津大学 1994 年出版的《古代埃及史》，还参考了台湾地区一位埃及学者 2001 年的修正：古埃及的前王国时期（第一王朝到第二王朝）是公元前 3150 年到公元前 2700 年；古王国时期（第三王朝到第十王朝）是公元前 2700 年到公元前 2040 年；中王国时期（第十一王朝到第十七王朝）是公元前 2040 年到公元前1552 年；新王国时期的前段（第十八王朝到第二十王朝）是公元前 1552 年到公元前 1069 年；第二十王朝以后埃及就进入了被削弱、被统治的时期。

在时间范围上，古埃及的前王国时期加古王国时期与中国的五帝时期非常接近，仅仅是古埃及第一王朝的开始比我们早一百五十年，但是这个数字也不一定很准确，所以可以说两者差不多。大家要知道，埃及的古王国时期还是铜石并用时代，不是青铜时代。古埃及的中王国时期，如果按照公元前2040年来算，与夏朝开始的公元前2070年只差三十年；两者结束的公元前1552年与公元前1600年，只差四十八年，太接近了。所以，我们的夏朝基本上就相当于古埃及的中王国时期，这是青铜器时代的开始。我们的商朝是繁盛的时期。尽管周朝有八百年历史，但春秋以后就分裂了，而商朝从来都是统一的国家，还有古人说商朝有近六百年的历史。按"夏商周断代工程"的年表看，我们的商朝和古埃及最盛的新王国时期的前段，起始年份和结束年份也很接近。

通过这份年表，我们就会有这样一个印象："五帝时代"真是古老啊，真是中国文明的开端！它和埃及的古王国时期差不多，它们所处的社会阶段也有类似之处。希腊爱琴海的迈锡尼文明是公元前1600年到公元前1100年，正好与我们商朝的文明差不多，而且发展程度也差不多，只不过我们的面积大，它们小。这样我们就认识到，我们今天读的《五帝本纪》，它里头讲的内容非常古老，实际上相当于埃及的古王国时期，我们所涉及的是人类文明的开端时期，这就是我们今天所要讲的第一部分内容。

接下来，我们开始逐段阅读《五帝本纪》。

第一段讲的是黄帝的诞生和他所经历的战争。首先我们来看黄帝是怎样一个人：

> 黄帝者，少典之子，姓公孙，名曰轩辕。生而神灵，
> 弱而能言，幼而徇齐，长而敦敏，成而聪明。

"少典"可能是古代一个国或氏族的称号。传说中的少典氏之国，按照《史记》之后的一些记载，多认为是在今天的河南新郑。我本人也去新郑看过，那里还有后人立的一个碑，写着"少典氏之墓"。这个不足为据，但毕竟有这么个传说。

我们读"三家注"可知，黄帝是"有熊氏"，从这个名字就可以看出年代久远，因为古人的名字常常和动植物有关。黄帝是有熊氏，"有熊氏之墟"就在新郑，新郑现在每年都会举行祭祀黄帝的典礼，少典被认为是有熊的国君。西晋皇甫谧说："有熊，今河南新郑是也。"他肯定了新郑一说。所以，黄帝是中原地区的人，这一点是明确的。炎黄二帝传说都与少典有关，这个说法见于《国语》。《国语》与《左传》并行，传说也是左丘明所记，这一点还有待考证。

"黄帝者，少典之子"，这是对的，但下面一句"姓公孙，名曰轩辕"有问题。《史记》的一个大错就是把姓和氏弄混了，这不是司马迁的学问的问题，而是时代的问题。在秦代之前，中国自古以来姓和氏是不一样的。这一点，我们今天绝大多数人都不知道。比如今天你问我："老师，你姓什么？"我说："我姓李。"这没问题，可是在先秦就不对了。因为在先秦时候，每一个男人，如果是自由人的话，应该有一个姓，还有一个氏，比如姓李的按传说都是嬴姓。传说尧的时候，伯益（他是我们现在知道的中国

第一个大法官）被赐姓嬴，大法官当时称"理"，"理"通"李"，李姓就是从这儿来的，这是"以官为氏"。

男人对外说话或写字的时候，不能称自己的姓，要称自己的氏。现在很多人误以为先秦的姓和名可以连称——事实上对男人来说姓名不能连称，只有女人可以——所以就闹出了很多笑话，比如一些书上说"周公姬旦""召公姬奭"，很难听。那么对国君、贵族应该怎么称呼呢？他们以封地为氏。比如周公封于周，是周氏，应该叫"周旦"，所以他叫"周公旦"。再如晋文公名重耳，重耳封于晋，晋就是他的氏，所以他应该叫晋重耳。古书里说到晋重耳有时省略一个字，叫作"晋重"。

女人则是要称姓的，因为同姓不能结婚，古人特别重视这一点。娶女子必须知道她的姓，如果买妾不知其姓就要占卜，如果卜出是同姓，依然不能结婚。到了战国末年，特别是秦统一以后，同姓不婚的要求就淡化了。因为同姓的人太多，特别是姬、姜、嬴等大姓太普遍了，不能再实行同姓不婚，所以逐渐就变成了同氏不婚。

大家心里一定有疑问：司马迁是怎么研究黄帝的？他怎么知道这些历史信息？应该讲，司马迁记载的内容都有依据，他的写作态度是非常严肃的。我们看看《五帝本纪》最后的"太史公曰"，就能知道他当时是怎样研究五帝历史的。

太史公曰：学者多称五帝，尚矣。然《尚书》独载尧以来；而百家言黄帝，其文不雅驯，荐绅先生难言之。

"尚"是"古"的意思。在司马迁之前很长时间，学者们就在讲五帝之事了。虽然按照司马迁的说法，尧在五帝之内，但尧以前的黄帝等，《尚书》没有记载。传说《尚书》是孔子选定的古代文献的汇集，孔子选入的第一篇是《尧典》，所以说"《尚书》独载尧以来"。诸子百家谈黄帝，说法不一。"雅"训为"素"，意思是"常"；"驯"是"顺"，当然这里也有不同的训释，以后大家再慢慢讨论。"荐绅先生难言之"，引的是后面我们会谈到的《五帝德》中的话。"荐绅先生"是指学孔孟之道的儒者；"难言之"，很难去论断。当时人认为非常权威的《尚书》中没有关于黄帝的记载，百家谈黄帝又互相矛盾，在这种情形下，当时的学者们就很难讨论这个问题。

孔子所传《宰予问五帝德》及《帝系姓》，儒者或不传。余尝西至空桐，北过涿鹿，东渐于海，南浮江淮矣。

《宰予问五帝德》是书名，宰予是孔子的弟子，也叫"宰我"，这篇书的内容是宰予与孔子的对话。《宰予问五帝德》和《帝系姓》（现在叫《帝系》）今天都还存在，收在《大戴礼记》中。对比《史记》我们就能知道，司马迁采用了这两篇的内容，因为他认为这是孔子说的话，但是这两篇文章"儒者或不传"。那么，司马迁怎样研究五帝历史呢？他用的是旅行调查的方法，这和我们现在做人类学、社会学的研究是一样的，即所谓"田野工作"。司马迁做了非常广泛的调查工作，他"西至空桐"（空桐山在现在的甘肃），"北过涿鹿"（涿鹿就在北京附近，官厅水库的西边，现在还叫涿鹿），"东渐于海"（往东到了海边），"南浮江淮"（南边到了长江、淮河地区）。他在这些地方做什么呢？

至长老皆各往往称黄帝、尧、舜之处，风教固殊焉，
总之不离古文者近是。

　　意思是说，那些地方都还代代流传着黄帝、尧、舜的传说。
我们常说"行万里路，读万卷书"，司马迁就是一个典型，他不
仅仅在图书馆看书，还要亲身调查，这一点我觉得非常重要。《五
帝本纪》不但综合了各种文献的说法，还与民间传说相对照。我
想，今天我们研究上古的历史，也应该用这种方法，一方面通过
文献，另一方面也要研究口头传说。司马迁通过这两种方法，得
出的结论是"风教固殊焉，总之不离古文者近是"。意思是：各个
地方有关五帝的传说有些差别，但综合起来看，它和古代的文献
记载（这里主要是指《宰予问五帝德》和《帝系姓》）基本上是
一样的。也就是说，他通过比较，认为《宰予问五帝德》和《帝
系姓》基本上还是可信的。

　　予观《春秋》《国语》，其发明《五帝德》《帝系姓》
章矣，顾弟弗深考，其所表见皆不虚。《书》缺有间矣，
其轶乃时时见于他说。非好学深思，心知其意，固难为
浅见寡闻道也。余并论次，择其言尤雅者，故著为本纪
书首。

　　这里的《春秋》就是《左传》，《史记》中很多地方讲到《春
秋》，指的就是《左传》，因为在司马迁看来，《左传》和《春秋》
是分不开的，是一回事。司马迁说《左传》《国语》能启发、证
明《五帝德》和《帝系姓》。虽然它们的内容不是那么系统、深入，

但都是有依据的。古书里的很多东西现在都没有了，但流散出来的材料还是存在的，这是他的结论。司马迁还是很自豪的，他说，若不是"好学深思，心知其意"，而是"浅见寡闻"的人，是不能够懂这个道理的。他把他搜集到的资料中最重要的内容都记录下来，便有了这篇《五帝本纪》。

王国维先生曾说，古史研究是最难的，因为全世界各个民族的古代历史，总是与神话传说结合在一起，这是一个普遍性的规律，但是在这些材料里面，依然有史实的"素地"。这是王国维先生1925年在清华教授《古史新证》时讲到的，司马迁作《史记》便是一个很好的例子。

下面我们再回到《五帝本纪》前面的本文部分：

> 轩辕之时，神农氏世衰。诸侯相侵伐，暴虐百姓，
> 而神农氏弗能征。

根据《五帝本纪》，神农氏就是炎帝。神农氏和炎帝是不是一个人，向来就有不同的说法，司马迁采用的是两者同一的说法。他认为神农氏是当时天下的君主，而且经过若干世代已经衰败，所以与黄帝同时代的炎帝并不是第一个炎帝。后来有很多书里都提到，神农氏或炎帝有八代，最后一代按后世记载叫"帝榆罔"。帝榆罔就是黄帝所继位的炎帝，不过这是后来的一种说法，司马迁时期是否有这种说法我们还不能证明。"神农氏世衰。诸侯相侵伐"，这里的"诸侯"可以理解为当时的很多部族，他们互相之间争夺打仗，不服从炎帝的命令，而且暴虐百姓，但神农氏已经衰弱了，无法平定诸侯，造成天下混乱、分裂的局面。

于是轩辕乃习用干戈，以征不享，诸侯咸来宾从。

而蚩尤最为暴，莫能伐。

"享"本来是贡献、祭祀的意思，特指祭祀用的贡献，这里的"享"指的是对天子的贡献。轩辕"征不享"，"诸侯咸来宾从"。诸侯中最不服的就是蚩尤。蚩尤是中国古代传说中一个很重要的人物，传说他创造了五种兵器，"蚩尤作五兵"的说法一直到汉晋时都非常流行。蚩尤武艺高强，"最为暴，莫能伐"。

炎帝欲侵陵诸侯，诸侯咸归轩辕。轩辕乃修德振兵，治五气，蓺五种，抚万民，度四方，教熊罴貔貅䝙虎，以与炎帝战于阪泉之野。三战，然后得其志。

很多诸侯已经偏向轩辕，而炎帝又要去侵犯这些诸侯，从而他们"咸归轩辕"，于是，"轩辕乃修德振兵，治五气，蓺五种，抚万民，度四方，教熊罴貔貅䝙虎，以与炎帝战于阪泉之野。三战，然后得其志"。这就是著名的阪泉之战。阪泉之战是中国古史传说中最早的一次战役，虽然是传说，但古书里有明确记载，阪泉也在涿鹿一带，所以涿鹿这个地方确实和黄帝的传说有很密切的关系。

我们再来看"轩辕乃修德振兵，治五气，蓺五种"一句。"五气"指"五行"，中国古代传说经常提到"五行"，此时是否已有这样一种哲学观念，我们不清楚，但这种说法在古代传说中反复出现，"汩陈五行"还是很大的罪恶。"五行"之说，后人的解释认为，要顺应金木水火土各种物质的本性，而不能违背其本性。这是一个很重要的思想史的问题，今天不能详谈了。"五种"是指五种粮食。"熊罴貔貅䝙虎"，现在有人认为这是一些氏族的图腾；按照传统说法，是打仗布阵的名称。究竟哪个说法对，大家还可以讨论。"三战，然后得其志"，黄帝正式取代了炎帝的地位。

> 蚩尤作乱，不用帝命。于是黄帝乃征师诸侯，与蚩尤战于涿鹿之野，遂禽杀蚩尤。而诸侯咸尊轩辕为天子，代神农氏，是为黄帝。

黄帝把各方面军队组织起来，还是在涿鹿一带，抓住蚩尤，把他杀了。于是"诸侯咸尊轩辕为天子，代神农氏，是为黄帝"。

我再补充一点：炎帝的"炎"字在古文字中和"赤"字相近，"赤帝"一词，现在我们能看到的最早记录是在《逸周书》中。《逸周书》是汉朝时就已经有的一部书，传说是孔子编《尚书》未入选的余篇。其中有一篇叫《尝麦》，也谈到了黄帝打仗的故事，这个故事很复杂，与《史记》的记载不太一样，大家可以找来看一看。《尝麦》这一篇，近几年经过学者的研究，从其特点来看，可以肯定是作于西周，比如该篇里面提到的"咸"（讹为"箴"）字，应该训为"终"，这种说法在春秋以后就没有了，只有西周的金文里才有，所以过去的人都读不懂。当然还有其他很多的证据，《尝麦》里面提到"赤帝大慑，乃说于黄帝……"，"赤"即"炎"，赤帝也就是炎帝。

以上是《五帝本纪》的第一大段，说的是黄帝通过战争，取代了炎帝神农氏的统治。通过与炎帝的战争和与蚩尤的战争，黄帝获得了各诸侯的拥护，我们可以体会到，这和中国当时国家的形成有一定关系。

接着看下面一段：

> 天下有不顺者，黄帝从而征之，平者去之，披山通道，未尝宁居。
>
> 东至于海，登丸山，及岱宗。西至于空桐，登鸡头。南至于江，登熊、湘。北逐荤粥，合符釜山，而邑于涿鹿之阿。

这一段也很重要，讲的是黄帝时期的地理状况，其中涉及的各个地方的位置，"三家注"里都有解释。大家会发现，黄帝的统治区域和司马迁"田野工作"的地理范围差不多，可见司马迁是根据这样一些传说来进行调查的。"荤粥"是北方的一个少数民族。"釜山"就在涿鹿一带，最后黄帝就将他的首都建于"涿鹿之阿"。

下面一段讲的是黄帝时的制度和文化：

> 迁徙往来无常处，以师兵为营卫。官名皆以云命，为云师。置左右大监，监于万国。万国和，而鬼神山川封禅与为多焉。获宝鼎，迎日推筴。举风后、力牧、常先、大鸿以治民。顺天地之纪，幽明之占，死生之说，存亡之难。时播百谷草木，淳化鸟兽虫蛾，旁罗日月星辰水波土石金玉，劳勤心力耳目，节用水火材物。有土德之瑞，故号黄帝。

黄帝时期不像后来的朝代那样有一个固定的都城，虽然他"邑于涿鹿之阿",但并不是停留在那里,而是四处迁移,以军营作保卫,这一点很重要,我想这也符合最早时期的国家形态。早期的人类,尤其是草原游牧民族,都是以帐篷环绕一圈,中央有一个大帐,那就是政治中心。虽然它可能有自己的都邑,可是它整个的活动是以帐篷的形式,是移动的。虽然它不是没有城,也不是没有农业,但它的中心是移动的。蒙古很长时期都是如此,它的汗国都是以某某帐命名的。

"官名皆以云命,为云师",这一句出自《左传》。《左传》中说不同时代的官名是不一样的,比如"少皞氏以鸟名官",黄帝时代则以云名官。这些在《左传·昭公十七年》注释中有详细说明。后面几句,除了"有土德之瑞"是后人五行学说的一种说法以外,其他都与人类从原始时代进入文明时代的进展有关系,涉及农业、采集业、家畜、矿物等各个方面。

下面一段尤其重要:

> 黄帝二十五子,其得姓者十四人。黄帝居轩辕之丘,而娶于西陵之女,是为嫘祖。嫘祖为黄帝正妃,生二子,其后皆有天下:其一曰玄嚣,是为青阳,青阳降居江水;其二曰昌意,降居若水。昌意娶蜀山氏女,曰昌仆,生高阳,高阳有圣德焉。黄帝崩,葬桥山。

"黄帝二十五子,其得姓者十四人",这个说法见于《国语》。黄帝据说有二十五子,其中十四个得姓,成为十二个姓。大家注意,古书里说谁是谁的子,并不一定就是指亲生的孩子,往往是后裔的意思。对于上古传说中的世系,我们要灵活对待,否则很多事情就没法解释了。

　　嫘祖也是传说中的重要人物，被称为中国的蚕桑之祖。关于嫘祖的出生地有多种说法，有人说在山西，有人说在四川盐亭。嫘祖的两个儿子，一个叫玄嚣，一个叫昌意，一个"居于江水"，一个"降居若水"，这就是黄帝之后的两大系。大家可以看下面这张表：

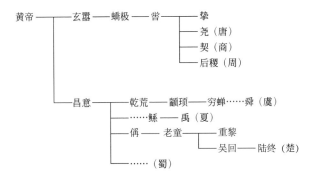

　　这张表不代表上古世系的事实，但它反映了中国最古的一些世系传说，这些传说包含着很多有意思的信息。比如按照《史记》的记载，黄帝、颛顼、帝喾是五帝中的三帝，从这个表中我们可以看到，他们和黄帝的关系都很密切，再往后的尧，传说是喾的儿子，而舜和颛顼之间就隔了很多代，所以古人其实也已经指出，不能完全相信传说，但传说能显现出他们之间存在着一定关系。五帝的这些传说就反映出当时的氏族、部落之间的关系网。

　　如果按照《五帝本纪》这种带有神话性的说法，后来先秦的主要朝代和人物都可以归于这两大系，我们说自己是炎黄子孙的基本依据也就在这里。比如后来的古书里说，楚国是从颛顼这一系发展而来的，蜀国是从昌意这一系发展而来的，夏禹也可归于昌意这一系。现在从考古学来看，我们发现三星堆文化确实与夏有关系，楚和蜀也有密切的关系。我个人认为，如果灵活变通，不拘泥于谁生谁的问题，我们还是能从这个表中看出很多道理的。通过这个表，我们还可以校出一些书上的错误。比如昌意的儿子乾荒，有的书上写的是"韩流"，"乾"与"韩"、"荒"与"流"字形很像；还有"老童"，有的书上写的是"卷章"，也是字形很像。我可以告诉大家，"老童"是对的，因为现在出土的楚国的竹简里就叫"老童"。无论如何，我们把这个表作为认识古史各部落和国家的关系网，还是有一定依据的，希望大家灵活去看，我们就可以看到《五帝本纪》所起到的作用。

"黄帝崩，葬桥山"，黄帝死后葬在桥山，这是明确的。司马迁说的"桥山"这个地名，就是现在陕西省黄陵县的桥山。《五帝本纪》中有关黄帝的内容就写到这里。

如果从考古学、古文字学的材料来看，今天我们能看到的有关黄帝的古文字材料最早是战国的。战国前期的齐威王因齐，在他的一个敦上铸的铭文中就提到了"高祖黄帝"，因为田齐是虞舜的后代，当然也是黄帝的后代。这一类富有神话色彩的历史传说一直存在着。

关于黄帝，我们就谈这么多。接下来，《五帝本纪》就开始讲黄帝之后的二帝。

其孙昌意之子高阳立，是为帝颛顼也。

帝颛顼高阳者，黄帝之孙而昌意之子也。静渊以有谋，疏通而知事；养材以任地，载时以象天，依鬼神以制义，治气以教化，絜诚以祭祀。北至于幽陵，南至于交阯，西至于流沙，东至于蟠木。动静之物，大小之神，日月所照，莫不砥属。

　　帝颛顼生子曰穷蝉。颛顼崩，而玄嚣之孙高辛立，
是为帝喾。

　　帝喾高辛者，黄帝之曾孙也。高辛父曰蟜极，蟜极
父曰玄嚣，玄嚣父曰黄帝。自玄嚣与蟜极皆不得在位，
至高辛即帝位。高辛于颛顼为族子。

　　高辛生而神灵，自言其名。

"高辛生而神灵，自言其名"，这是当时一个很普遍的传说。
据说帝喾生下来的时候，自己说自己的名字，这个名字在"三家
注"引《帝王世纪》中有："自言其名曰岌。"后来有人研究认为
"岌"是个错字，应该是"夋"。《山海经》中有很多地方提到"帝
夋"，这个"帝夋"应该就是指帝喾。如果你相信这一点，《山海
经》中可以找到很多有关帝夋（俊）的神话，比如帝夋生十日、
十二月，十个天干、十二个地支都是从这儿来的。

　　普施利物，不于其身。聪以知远，明以察微。顺天
之义，知民之急。仁而威，惠而信，修身而天下服。取
地之财而节用之，抚教万民而利诲之，历日月而迎送之，
明鬼神而敬事之。其色郁郁，其德嶷嶷。其动也时，其
服也士。帝喾溉执中而遍天下，日月所照，风雨所至，
莫不从服。

这就是帝喾的故事。
到此为止，我们已经把五帝中的前三帝读完了。大家可以看

到，关于帝颛顼和帝喾，除了《五帝德》和《帝系姓》中的内容以外，司马迁并没有增加多少内容。这和关于黄帝的部分不太一样。从中我们也可以体会出，有关帝颛顼和帝喾的传说，在当时并不是很丰富。

　　由于时间关系，我们今天就讲到这里，谢谢大家。

第二讲

上次课我们讲了两方面：第一是介绍了司马迁和《五帝本纪》的相关内容；第二是读了《五帝本纪》中有关黄帝（包括炎帝）、颛顼和帝喾的内容。今天的课主要讲三个方面：第一是接着读文本中有关尧、舜的内容；第二是谈一下有关五帝时代研究的争论；第三我们讲一下考古研究和上古历史的探索。

司马迁编撰《五帝本纪》，主要的依据是现在保存在《大戴礼记》中的《五帝德》和《帝系姓》，同时也参考了一些民间传说。但是，有关帝尧和帝舜的内容，他虽然也参考了《五帝德》和《帝系姓》，但更多的材料，用的是《尚书》中的《尧典》和《舜典》。大家知道，"十三经"的第一种是《周易》，第二种就是《尚书》，《尚书》的第一篇和第二篇就是《尧典》和《舜典》。但是在《五帝本纪》中，包括"三家注"，主要提到的是《尧典》，这是什么原因呢？因为在先秦时代，《尧典》和《舜典》常常是连成一篇的，并不是两篇，有时还称《帝典》，到后来才被分成两篇，所以下面我们再提到的时候就简称《尧典》，这一点先说清楚。

我们读司马迁的《五帝本纪》，会有一个特别的印象，就是在司马迁看来，《尚书》以《尧典》作为开篇是有其特殊意义的。因为在司马迁的时代，所有人都会知道，《尚书》中有关五帝的内容，并非只有《尧典》一个选择。孔子之所以断自尧、舜，是因为他把尧、舜作为他政治理想的一种寄托。从儒家角度来说，尧舜时期是中国历史的黄金时期，代表了儒家的政治、文化各方面的理想，因此将《尧典》作为《尚书》第一篇不是随随便便定的，是有其特殊用意的。有关这方面的问题，《史记》三家注中也有所涉及。

如果把《尧典》和《史记》逐字逐句对照来看，会发现很多有意思的地方。首先一点是，司马迁并没有逐字引用《尧典》。比如我们现在要引用《尧典》，一定是一句句抄下来，但司马迁没有这样做。文句的基本结构不变，但很多字变了，这是《史记》一个很大的特点。司马迁认为《尚书》很难读，所以在很多地方，他选用了当时人们比较容易理解的一些字来代替《尚书》原文中的字，可以说是把很多东西"现代化"了。通过他这样的"现代化"，我们读《史记》比读《尚书》容易多了。与此同时，我们也得以了解司马迁本人对于《尚书》的理解。司马迁根据自己的理解，用一些字或词代换了《尚书》中古奥难解的词，这就如同我们今天所说的"今注今译"。因此，我们就可以知道司马迁是怎样研究《尧典》的，这是很重要的。大家知道《尚书》有今文、古文之争，不仅仅是版本文字的不同，更重要的是意义理解上的不同。司马迁本人既对今文《尚书》的传统解释十分熟悉，同时他又是最早研究古文《尚书》的孔安国的学生，所以我们可以通过《史记》中司马迁的描述，在很大程度上了解到孔安国对于古文《尚书》的一些理解。这比《尚书》的孔传更接近于孔安国本意。当然这一点我们今天没有时间详细讲，如果在座的各位想了解司马迁时代今、古文《尚书》的不同点，这是一个非常好的路子。

《五帝本纪》中有关尧、舜的描述，绝大多数依据的是《尧典》的内容；没有采用《尧典》内容的，最主要的就是舜年少时期的故事。我们先来看舜的出身：

> 虞舜者，名曰重华。重华父曰瞽叟，瞽叟父曰桥牛，桥牛父曰句望，句望父曰敬康，敬康父曰穷蝉，穷蝉父曰帝颛顼，颛顼父曰昌意：以至舜七世矣。

接着又讲他的父亲、继母、弟弟如何想要谋害他。这些内容，司马迁基本依据的是《孟子·万章上》。除此以外，关于尧、舜的内容，司马迁别有所本的，只有在位年数等，其余大多数内容都是根据《尧典》而来。

那么，接下来的一个问题就是：《尧典》究竟是一篇什么样的书？它的历史价值如何？对此学术界有很大的争论，到今天都没有定论。因为《尧典》是《尚书》的第一篇，关系到中国古史中最核心的一部分内容，对研究古史有很重要的价值。我们在这里不可能详细地来谈这个问题，只举几个例子。

《五帝本纪》中提到的"敬授民时"这个概念，就是从《尧典》而来。《尧典》一开头，讲的就是有关天文历象的内容。后来的学者反复谈论这个问题，认为非常重要。"清初三大家"之一顾炎武就说，现在的人和古人不一样，三代以上人人都懂天文。《尧典》是当时人人必读之书，而不懂天文就不可能理解《尧典》，所以当时的人普遍都掌握了很多天文知识。顾炎武的这番话有一定道理，因为在上古时代，天象对人类生活的影响确实比后来要大得多。中国自古以来逐渐进入农业社会，农业与四时运转有着极密切的关系。一直到今天，如果你到农村去，会发现很多农民或许在其他方面没有太多文化知识，但如果你跟他谈节气，他一定说得朗朗上口。我在农村下放时，我的房东可以熟背二十四节气，但他根本没有念过书。为什么？因为这和他的生活、生产关系最密切。所以天文学在中国，和在近东，如巴比伦一样，是最早兴起的一门科学。

下面我们就来读一读《五帝本纪》中与"敬授民时"相关的内容。首先讲到尧是帝喾的后人：

> 帝喾娶陈锋氏女，生放勋。娶娵訾氏女，生挚。帝喾崩，而挚代立。帝挚立，不善，崩，而弟放勋立，是为帝尧。

尧的名字叫放勋，后来成为帝尧。挚是先于尧继位的，死后他的弟弟尧继位。尧继位之后，各方面都做得很好：

> 能明驯德，以亲九族。九族既睦，便章百姓。百姓昭明，合和万国。

这是一个总的概括，形容他政治如何清明。在这样的情况下，他首先做的是：

> 乃命羲、和，敬顺昊天，数法日月星辰，敬授民时。

"敬授民时"是尧的德政中最主要的一条。他派羲、和到四个地方去观测天时。羲、和是四个人：羲仲、羲叔、和仲、和叔。他们观测天时的方法是在二分、二至的时候观察"昏中之星"。所谓"二分二至"，从现代科学的角度看，就是地球公转的四个点。"二分"就是春分和秋分，"二至"就是夏至和冬至，这些时间都是固定的，不会改变。比如"二至"就是一年中白昼最长的一天和白昼最短的一天，前者是夏至，一般是在 6 月 21 日或 22 日；后者是冬至，一般是在 12 月 21 日或 22 日。

"二分二至"是地球运转的四个固定点，在这四个时间点，看日落星光刚刚出现的时候，哪一个星宿正处中天，正在子午线上，这就是所谓的"昏中"。"昏"，就是日落星光初现；"中"，就是这个星宿正在子午线上。古代传说有二十八星宿，当然《尧典》当时不一定有这么系统，但是有些星宿非常有名，每一个星宿中都有标志性的星。比如我们常说"三星照，年来到"，三星就是参宿的一个重要标志。

有关"观测天时"，下文有详细描述：

> 分命羲仲，居郁夷，曰旸谷。敬道日出，便程东作。
> 日中，星鸟，以殷中春。其民析，鸟兽孳微。

这是在东方的一个观测点，具体在什么地点不去讨论了。"中春"就是指春分。这个时候日中的星是鸟宿，鸟宿是南方朱鸟七宿。"其民析"的"析"我们待会儿再讲。动物开始"孳微"，就是求偶交合的意思。

> 申命羲叔，居南交。便程南为，敬致。日永，星火，

以正中夏。其民因，鸟兽希革。申命和仲，居西土，曰昧谷。敬道日入，便程西成。夜中，星虚，以正中秋。其民夷易，鸟兽毛毨。申命和叔，居北方，曰幽都。便在伏物。日短，星昴，以正中冬。其民燠，鸟兽氄毛。

这就是所谓的"四中星"，这四个固定的星宿到了"昏中"，就确定了"二分二至"，换句话说，就确定了一年的四季。从古至今，有许许多多人在推算《尧典》"四中星"的观测年代。不但中国人在推算，很多外国人也在推算，就是想用现代天文学的方法来确定《尧典》中所讲的"四中星"究竟相当于什么时代。所得的结果不太一样，因为有几个问题大家看法不相同，比如说观测地点的问题。《尧典》中提到的四个观测点究竟在什么地方，后人对此有不同看法。有人认为，所有的观测活动都是在尧都的位置。尧都传说是平阳，在山西的中南部。我们知道，由于地球的运转，天上的星象会随着时间推移而发生变化。如果拿《尧典》中的星象与今天来比，差别会很大。那么，《尧典》中说的究竟是什么时候的天象？目前最好的、以尧都中原地区为标准的推算结果是竺可桢先生得出的。竺可桢先生那篇著名的《论以岁差定〈尚书·尧典〉四仲中星之年代》就是讨论这个问题的。他得出的结果是：四中星是在商末周初出现的，换句话说是在公元前十一二世纪。现在多数天文学史学著作引用的都是竺可桢先生的这个结论。这个结论后来经过很多学者反复推算，当然推算的结果也会有一些前后出入，但基本上是认可竺可桢先生的观点的。不过，这个情况后来有所改变。1983年，天文史家赵庄愚先生发表了一篇论文，引起天文学界的重视。这篇论文登载在上海科技出版社出版的《科技史文集》第十辑，名为《从星位岁差论证几部古典著作的星象年代及成书年代》。他的文章采取了一个新的观点，即他认为应像《尧典》记载的那样，把人派到不同的地方去观察，而不是在首都一个地方观察。他定了四个点，用当地的经纬度计算，认为最可能的时间是公元前2060年。这个时间比较契合于我们所设想的尧舜时代。不论如何，《尧典》的"四中星"一定是从很古的时候传下来的，至于能古到什么时候，大家还可以继续讨论。

不管怎么说，这一段关于"敬授民时"的内容影响非常大。这种由国家、中央颁发历法，确定农作时间的传统，在中国几千年的历史中一直传流了下来。明朝在北京的午门，至少一直到清初，每年都要举行一个典礼，就是在立春这一天，宛平县的县令（北京在明清时分为两个县，一个是大兴县，一个是宛平县）带着一些老农到午门前跪成一排，由太监系下一个镏金凤凰，凤凰嘴里叼着诏书，宛平县令跪接诏书并当众宣读。诏书上的话不是用文言文写的，而是大白话，因为它代表皇帝对老百姓说话。这几句话的大概意思是：今天到了立春了，大家该种地了，你们应该带着你们的子弟好好去种地。这个典礼是一种象征，它代表了中国自古以来的一个传统：朝廷不管有多高、有多深，它始终有一个责任，就是"敬授民时"，这个传统就是从《尧典》来的。所以，把《尧典》放在《尚书》的第一篇，也说明了这个问题。

还有一个很好的证据可以说明《尧典》中包括了一些很古老的内容，这是20世纪40年代由甲骨学家胡厚宣先生发现的。胡厚宣先生是1934年北大历史系的毕业生，毕业后到中央研究院历史语言研究所参加殷墟发掘，跟随董作宾先生从事整理甲骨文的工作。他在 40 年代所著的一篇文章中介绍了几片甲骨，其中最重要的就是这一片：

"四方风" 胛骨拓本

在看这片甲骨之前，我们先来读一下《五帝本纪》中的这几句话：

其民析，鸟兽字微。……其民因，鸟兽希革。……其民夷易，鸟兽毛毨。……其民燠，鸟兽氄毛。

东方"其民析"，南方"其民因"，西方"其民夷易"，北方"其民燠"，这是什么意思？大家看"三家注"就能知道，这主要和一年四季东南西北的农事有关。"析"的意思是一家子人都分开了，大家都去种地了；"因"的意思是大家集合起来，一起进行农事；"夷"和"易"都是平的意思，庄稼收获了，把地都铲平了；"燠"是藏的意思，大家都藏起来了。有关这几个字的解释还有很多种不同的说法，但基本上，这段话讲的就是春生夏长，秋收冬藏，用这样一个农事的循环来代表四季。

现在我们来看这片甲骨。它是一片牛肩胛骨，属于商朝的武丁时期，原藏家是近代著名收藏家刘体智。奇怪的是它不是占卜的卜辞，上面刻着四段话："东方曰析，风曰协；南方曰因，风曰凯；西方曰韦，风曰彝（根据其他甲骨文来看，这里的西方一句，把风和方的名字写倒了，应为'西方曰彝，风曰韦'）；北方曰宛，风曰殴。"

"析、因、彝、宛"，与《尧典》或《五帝本纪》中的内容完全一样。这片甲骨的出现完全证明了《尧典》中的这段话和《山海经》中零零碎碎的一些记载，说明至少商朝人对此完全了解。《山海经》说，"析、因、彝、宛"是东南西北四方神的名字，这些神是管日月出入长短的，与一年四季有明显的关系，这又与农业生产和生活息息相关。四方有神，四风也有神。东风叫协，南风叫凯，西风叫韦，北风叫殴。胡厚宣先生的这一发现对于我们研究《五帝本纪》、研究《尧典》非常关键。这样我们就可以看到，《尧典》的定本虽然不知道是在什么时候，但恐怕不太可能晚于春秋时期，因为在《左传》里面引了《尧典》（如果我们不怀疑《左传》记载的可靠性的话）。到了战国时期，很多书里明确引了《尧典》，所以《尧典》这篇文献可能有很古老的来源。

以上就是有关《尧典》的一些情况，学者们对它还有很多的讨论，因为时间关系，我们就不再详谈了。那么，在《五帝本纪》中，除了"敬授民时"之外，还有什么值得注意的内容呢？还有一点很重要，就是关于洪水的问题。

　　洪水的故事在中国古代也是非常重要的。其实，洪水的故事不只中国有，全世界都有，很多国家都有洪水传说的记载。基督教的《圣经》中就有诺亚方舟的故事：上帝看到人类罪恶太多，决定用洪水对人类进行惩处。可是上帝还是很仁慈的，不想使人类和各种动物灭绝，于是上帝把洪水的消息告诉了诺亚，让他把世界上的每一种动物各选一雌一雄，带着这些动物样本躲在方舟里。然后洪水就降下来了，毁灭了人类和其他动物，只剩下诺亚方舟。

　　20世纪80年代我在英国伦敦大学见过一本书，这本书搜集了全世界各种文献和民间传说中的洪水故事，也包括中国的。我从头到尾读了一遍，发现所有的洪水故事基本上都是一个模式。这个模式就是一个民族，或者一个部落、一个国家，因为某件事情得罪了神，神就降下洪水，毁灭了一切，然后神又大发慈悲，使其复兴。基本上都是这样一个模式，包括我们中国的某些少数民族都同样有这样的故事。

　　但是，只有我们中国尧舜禹时期的洪水传说是不一样的。第一，它没有说人类犯了什么罪；第二，它是通过治水的方法免除了洪水，也就是人通过与天斗争，解决了问题。这两点是它和其它传说的不同之处。有关洪水的传说，有一个弗洛伊德学派的解释，他们认为，洪水的故事与人的诞生有关。每个人都是从母亲的肚子里出来的，都经过"洪水"才降生到世界上，所以人类的诞生也有一个经历洪水的过程。但是，这个解释也不适用于中国尧舜禹时期的洪水故事。

那么，这个洪水故事究竟有多大的可信度呢？现在我们能找到的最新材料是 2002 年发现的一件西周青铜器，我称之为"遂公盨"。这件器物是我个人鉴定的，所以印象比较深。它是 2002 年从流散到香港的器物中运回到北京的，属于西周中期偏晚的器物，年代在公元前 900 年左右。"盨"是一种祭祀用的长方形器皿，相当于一个青铜大饭盒，可用来装黍、稷、稻、粱之类的主食。"遂公盨"的器物本身并不显眼，但是其铭文中提到了大禹治水的故事，开头一段就是"天命禹敷土，随山浚川……"当然这些字都很难认，我读出来之后大吃一惊，认为这是一件国宝，所以保利集团就把它抢救下来了。现在，这件珍贵的文物收藏于北京的保利艺术博物馆。

"天命禹敷土，随山浚川"是什么意思呢？"禹敷土"三字见于《尚书·禹贡》，"随山浚川"四字见于《禹贡·序》，文字完全一样。在其他书里没有相同的文字，但在《尧典》中有非常相似的表述，所以这件"遂公盨"的出现，为我们了解五帝时代的历史传说提供了重要帮助。

《五帝本纪》中有关尧、舜的部分，还有一点比较重要，就是有关"四罪"和"二十二人"的内容。在尧舜时期，曾有人对政权进行反抗，或者叛变、犯罪，这些人就是所谓的"四罪"。舜摄政时期做的最主要的事情就是惩治四罪，包括"流共工于幽陵"，"放驩兜于崇山"，"迁三苗于三危"，"殛鲧于羽山"。舜把共工、驩兜、三苗、鲧四者放到四方，这些内容反映了当时的一些民族关系。

还有所谓"二十有二人"，包括四岳、九官、十二牧。按照《五帝本纪》，舜把整个天下划分为十二个州，十二个州有十二个官。另外他还任命了一些朝廷官员，如禹作司空，弃作后稷，契作司徒，皋陶作士，垂作共工，益作虞，伯夷作秩宗，夔作典乐，龙作纳言。这些官员的任命在后来的很多书里都有涉及，一直到明清时候，这些词还被借用以表述为臣为官的意思。比如《儒林外史》中有个故事，说有个人做了一个梦，梦里有人对他说了两句话：只道骅骝开道，原来天府夔龙。这个人就觉得非常吉利。后来他被派到"天府"四川去做官，到那以后，一阵大风吹起官府大堂匾上的纸，露出"天府夔龙"四个字，结果他就死在那个地方了。什么叫"天府夔龙"呢？看了《五帝本纪》就知道，夔为典乐，龙是纳言，夔龙就是大臣的意思。这虽然只是小说中的一个故事，但反映出的问题并不是偶然，它说明了《五帝本纪》对于我们国家政府机构制度产生了深远影响。

《五帝本纪》中有关尧舜的内容，我们就谈到这里。我们举了一些例子，不管是天文推算，还是古文字证明，与其他材料对比，都是为了说明这些记载是有所本的。至于这些内容究竟在什么时候定本，还需要学术界进一步讨论。

五帝的内容介绍完了，现在我们可以对《五帝本纪》做一个概括：它从黄帝讲起（实际上是从神农氏、炎帝时期讲起），从公元前3000年左右，一直叙述到尧舜时期，夏朝成立以前。它所依据的不仅是经典文献，还包括一些民间传说。司马迁根据当时他本人的认识和理解，对中国上古历史的起源进行了综合与探讨。我个人认为，如果我们把这作为中国文明起源和早期发展的一种勾画来看，是非常有价值的。通过黄帝时期各方面的措施，包括黄帝本人和一些臣子的作为，我们可以看到一些文明的因素正在逐渐聚集增长，黄帝时期是中国文明开始形成的时期。陕西桥陵有一个匾，写着"人文初祖"，"人文初祖"也就是文明起源的意思。

下面我们再来谈一下关于五帝时代古史问题的讨论。我们读了《史记·五帝本纪》，对五帝时代有了一个大致的了解。这段历史非常重要，因为它是我们中华民族走向文明时代的一个关键时期，是我们文明的起源、奠基时期。文明起源是科学史上的重要问题，马克思、恩格斯的《德意志意识形态》中有一段话值得我们深思，大意是说：我们只知道一门科学，就是历史学，因为历史可以分为自然史和人类史。马克思认为所有的科学知识都可以划分为自然史和人类史，不管是自然科学、社会科学、人文科学，都可以放到大的历史学的范畴内。

如果用马克思的这个观点来看，我们会发现，整个的自然史和人类史有几个重要的起源问题。第一是宇宙的起源。过去认为宇宙的时间是无限的，没有起点，没有终点；但是今天看来，宇宙也有起源问题。比如根据霍金在他的《时间简史》里讲的理论，时间起源于一百五十亿年至一百七十亿年前，在这之前就无所谓时间了。不管是弦理论，还是膜理论，现在大家普遍认可，宇宙的起源问题是一个重大的科学问题。宇宙是有起源和终结的，一切东西都有起源和终结。

在宇宙的起源之下，还有第二个起源问题，小一点说是地球的起源，大一点说是太阳系，甚至银河系的起源。如果说宇宙的起源是一个宇宙学、物理学的问题，那么地球或太阳系的起源可以说是天文学和地质学的问题。

在这之下，还有生命的起源问题。世界各地的人们都在寻找外星生命，可是到今天为止，依我个人看，没有任何可信的证据可以证明在地球之外存在生命。然而，我们还是要探索为什么在我们这么一个不起眼的小行星上会有生命，这是一个重大的科学问题。

再往下是人类的起源。现在这方面有很新的学说，特别是根据基因的研究，有人提出"夏娃理论"，认为现代人都是在七万年到十万年前，从东非一个女性而来，这个女性是所有现代人的祖先，不过这一点一些古生物学家还有保留意见。

接下来就是文明的起源，我一再强调，这是一个非常重要的问题。当人类真正脱离自然的动物状态，才有文明的出现。中国的文明起源在整个人类的文明起源中占有非常重要的地位，我们应当结合各种学科的方法来研究和探索文明起源问题。《史记·五帝本纪》是有关中国文明起源的一种文献传说记载，这种叙述有其重要价值，所以五帝时代一直是一个重要的研究内容。在近代以前，虽然有一些学者注意到这个问题，但大家对于传统古史的观点还是比较一致的，比如戏曲唱词中有"自从盘古开天地，三皇五帝到如今"。这个古史系统在今天看来，并非毫无道理。"三皇"是指天皇、地皇、人皇，先有天，后有地，再有人，然后有伏羲氏、神农氏，等等。伏羲氏驯化动物，神农氏始作农业，这些都与人类的发展密切关联。不仅仅在中国，在其他国家也是如此。现在世界上最早的古史记载，是古巴比伦的楔形文字泥版，上面刻有创世的故事。

昨天课后有朋友问我对疑古思潮和古史辨派的看法。我个人不太赞成"古史辨派"这个说法，因为"古史辨"并不成派，而是一场讨论。《古史辨》本身是一部书，从 1926 年到 1941 年，一共出了七册，这七册书里的论著观点是不一样的。当然，主持这部书的著名历史学家顾颉刚先生有他自己的一套见解，所以，所谓的疑古派、古史辨派，其实指的是以顾颉刚先生为代表的一派学者的论点。

从疑古思潮开始，对"自从盘古开天地，三皇五帝到如今"这个传统的古史系统提出了不同看法。这个思潮并不是从顾颉刚先生开始的，而是始自晚清，代表人物是康有为，他属于今文经学派，是疑古思潮的前驱。《新学伪经考》和《孔子改制考》是康有为在这方面影响最大的代表性著作。何谓"新学伪经"？康有为认为，汉朝之后的经学已经不是真正的经学，而是以王莽时代的刘歆为代表的一部分学者制造出来的伪经。王莽称帝，国号为"新"，史称"新朝"，所以这个学派被称为"新学"。"新学伪经考"即是对"新学""伪经"的考证。康有为认为很多古书都是伪作，是刘歆等人伪造的，包括《史记》中的一部分内容都是假的，而孔学也不是真正的孔学，真正的孔学是要改制的，所以叫"孔子改制考"。这两部书一破一立，一正一反，互相配合，构成了康有为的思想体系。《新学伪经考》因其新奇大胆，震动了当时整个中国学术界。如康有为的大弟子梁启超所言，《新学伪经考》从根本上对汉代以来的学术传统进行了彻底否定。

近年有一个说法，认为康有为的这个观点不是他本人所创，而是由四川的今文经学家廖平提出。廖平，字季平，四川井研人。廖平先生是清末民初著名的今文经学家，由于四川当时交通不便利，他的很多著作无法传播开来，可是他的学术地位很受尊崇，冯友兰先生的《中国哲学史》即以他为殿后。廖平先生最著名的是所谓"经学六变"，他的经学主张一辈子改变了六次。廖平在他的《经话》中说，他有一次去广东，在旅店见到康有为，把自己的书稿给康有为看，康有为看了以后勃然大怒，说他胡说八道。一年后，康有为出了一本书，和他观点一样。当然，这是廖平所说。不过，梁启超在《清代学术概论》中也说他老师的《新学伪经考》《孔子改制考》确实是从廖平处来，所以这件事情很可能是真的。当然，我讲这些，绝对不是要贬低康有为的书在学术上的价值和意义。或许康有为确实借用了廖平的一些思想观点，但是两者的性质不同。廖平只是一位经学家，没有跳出经学的圈子，他所有的著作完全是经学的讨论，没有其他目的，虽然他也有一点维新的思想，但极为有限；而康有为则把经学的观点变成了推行维新变法的一种理论根据，所以康有为所做的是政治活动。不管是在政治史上，还是在文化史上，康有为和廖平的贡献都是不可同日而语的，这一点我们要说清楚。当然我们不是赞成康有为这么做，他的行为不符合我们现在的学术规范和道德，可是无论如何说，性质是完全不一样的。这种学说之所以能推广，还是要归功于康有为。因为廖平的书既看不到，也看不懂。廖平的书叫作《六译馆丛书》，"六译"就是"六变"。《六译馆丛书》有几十种，但恐怕极少有人读过这套书。后来四川的李耀先先生编了上下册的《廖平选集》，把他的代表性著作收入，大家才可以比较方便地了解廖平的思想。

后来真正提出疑古说的是胡适先生。20 世纪 20 年代初，顾颉刚是胡适的学生，在他们的通信中，胡适首先提出了一些问题让顾颉刚去研究，顾颉刚从此提出了古史中的一些问题。有关这方面以及当时他们和钱玄同先生的讨论，都见于《古史辨》第一册，1926 年由北平朴社出版。

古史辨在当时是一场很大的思潮，它的标志性观点是由顾颉刚先生提出的对于古史的一些怀疑，而顾先生怀疑古史的基础是对古书的怀疑。有关古史辨思想的一些讨论，我推荐大家读一读中华书局出版的《顾颉刚古史论文集》。这本书的《前言》是顾颉刚先生晚年的助手王煦华先生所写，简明扼要地介绍了顾颉刚先生在古史方面的观点。他首先提到，顾先生的疑古思想，从历史上看是继承了宋代的郑樵、清代的姚际恒和崔述的传统，而他的治学方法和对今古文的看法来自胡适和钱玄同，真正把顾先生引上考辨古史道路的则是康有为。1914 年，顾颉刚读了康有为的《新学伪经考》和《孔子改制考》，书上所说的上古史"茫昧无稽"引起他对古书所记古史的不信任，遂萌生推翻古史之志。《〈古今伪书考〉跋》是他最早写下的辨伪文字。顾先生的观点主要是认为古书，特别是经书上所载的古史，大多是从神话传说演变而来，是不同时代一层一层积累造成的，只有把充斥在古书中的许多虚妄的伪史料清除出去，才能为科学地研究我国古史扫清障碍。顾先生的这个观点，就是"层累地造成的中国古史"观，也就是说，他认为古史是逐渐地造出来的。他说："时代愈后，传说的古史期愈长。……周代人心目中最古的人是禹，到孔子时有尧舜，到战国时有黄帝、神农，到秦有三皇，到汉以后有盘古。时代愈后，传说中的中心人物愈放愈大。如舜，在孔子时只是一个'无为而治'的圣君，到《尧典》就成了一个'家齐而后国治'的圣人。……我们在这上，即不能知道某一件事的真确的状况，但可以知道某一件事在传说中的最早的状况。我们即不能知道东周时的东周史，也至少能知道战国时的东周史，我们即不能知道夏商时的夏商史，也至少能知道东周时的夏商史。"所以他主张在做研究时，要把每一件史事的种种传说，按先后出现次序排列起来，研究这个史事在每一时代有什么样的传说，然后研究这个史事怎样渐渐演进，"由简单变为复杂，由陋野变为雅驯，由地方、局部的变为全国的，由神变为人，由神话变为史事，由寓言变为事实。遇可能时，解释每一次演变的原因"。应该说，顾先生本人及其友人，如钱玄同先生，还有他的弟子如童书业先生等，都是在"层累造成的古史"观的指导下进行古史研究的。顾先生提出的观点影响极其深远，一直到今天，其影响依然存在。

我们如何评价这场古史辨思潮？首先，无论从政治史上看，还是从文化史上看，古史辨思潮都是进步的。它是五四运动所代表的新文化思潮的一个组成部分，具有冲决网罗、推翻偶像的强大作用。有人说，它为后人研究扫清了障碍，我觉得在一定意义上可以这么说。再有一点，虽然顾先生本人屡次说他受了康有为，甚至更早的如郑樵、崔述等人的影响，这些当然也是事实，但从根本上说，顾先生所代表的五四时期的疑古和康有为时期的疑古是不一样的。因为后者是打着恢复孔教的旗号，而且康有为后来确实建立了孔教会；而顾颉刚之所以产生疑古思想，首先一点就是不相信孔子的神权性。这也就是五四时期和维新变法时期文化观的不同。

还有一点我们可以补充说一下：顾颉刚先生提出的一些论点，一些基本思想，应该说在他之前，在日本就有人提出了，这是事实。日本明治后期（相当于中国清末），当日本学习西学的形势已经固定之时，自然而然地产生了一个思潮，即否定中国历来的古史传统，其代表人物就是著名史学家白鸟库吉。明治四十二年，即 1909 年，白鸟库吉在日本东洋协会的评议会上作了一次名为《中国古传说之研究》的演讲，演讲内容后来发表在《东洋时报》上。值得注意的是，他首先把中国的古史作为传说加以研究。他提出了一个观点，后来被称为"尧舜禹抹杀论"，他认为尧舜禹在历史上是不存在的，完全是传说，而且他说，因为中国有"天地人三才"的思想，故把"天地人"变成了"尧舜禹"。

这个观点在当时的日本引起了很大震动，也有许多学者起来与他辩论，其代表人物就是著名学者林泰辅。大家知道，林泰辅和罗振玉、王国维都是很好的朋友。1910 年，林泰辅在日本的《汉学》杂志上发表了《论尧舜禹抹杀论》；1912 年，他又在《东亚研究》杂志上发表了《再论尧舜禹抹杀论》，这两篇文章都收入了他的著作《支那上代之研究》。林泰辅从文献学、历史学的立场对白鸟库吉的理论进行了反驳。白鸟库吉的理论在很大程度上确实与我们古史辨派的理论有相似之处。后来有些学者提出：古史辨派的学者是否看过白鸟库吉的书？顾颉刚先生的绝大部分著作我都看过，包括他的笔记我也仔细读过，我个人认为，顾先生平生读万卷书，行万里路，但他确实很少读外文书，看白鸟库吉著作的事情应该是不存在的。关于这个问题，学者钱婉约有专门的著作，大家如果有兴趣可以读一下，我在这里就不详细探讨了。

当然在中国，也有很多人反对顾颉刚先生的古史辨论点，代表人物是当时东南大学的柳诒徵先生。柳诒徵是学问非常渊博的一位学者，曾担任江苏省立国学图书馆馆长等职，也是《学衡》杂志的主持人之一。他的代表作《中国文化史》是中国第一部系统的文化史，一直到今天还在不断翻印，具有重要的参考价值。柳诒徵和顾颉刚的辩论见于《古史辨》第一册，大家可以找来看一看，当时的学者是怎样既针锋相对，又开诚布公、互相尊重、取长补短地进行辩论的。从他们的往来书信中，我们能体会到当时的学风，我想这是非常值得我们学习的。大家要知道，在科学上总是有不同意见的，任何两个真正称得上学者的人都不会有一模一样的论点，不但文科如此，理科、工科莫不如此。大家知道，爱因斯坦直到去世都不完全赞成量子力学，他提出了统一场论，后来人们说爱因斯坦的统一场论是失败的，但现在的一些新理论，包括弦论、膜论等，反而都是从统一场论这个思路发展起来的。所以，对不同的学术观点，我们不应该采取互相攻击、一棒子打死的态度。

著名史学家钱穆先生对顾颉刚先生的古史辨论点也有评论。他认为"层累造成的古史"观是不完整的，古史不但不是层累造成的，还是层累遗忘的。我个人很拥护钱先生的这一说法。还有一位学者不得不提，就是王国维先生。王国维先生不但参加了古史辨的讨论，而且在整个讨论中起到了非常重大的作用。他对疑古思想有所保留，甚至在一定程度上是不同意的。王国维先生是 1925 年到清华来讲学的，他本无意来，是胡适先生建议，由当时的清华校长曹云祥约聘，主持研究院建设的吴宓先生亲自到他家里敦请。后来据王国维先生回忆，他本以为留学美国的吴宓一定是西装革履，进屋和他握手，结果吴宓却是毕恭毕敬地对他鞠了三大躬，然后才登堂入室。他觉得这确实是真诚地请他去讲学，于是才接受了聘请。王国维先生 1925 年在国学研究院的课程讲义名为《古史新证》。我一直认为"古史新证"这个词与当时的古史辨思潮有关系，因为一个是古史辨，一个是古史新证。可能有人会反对我的说法，因为《古史辨》第一册 1926 年才出版，而"古史新证"一词1925年已出现，怎么能倒过来说呢？其实，虽然"古史辨"这个词见于1926年，但"辨古史"却是早在1923年便出现了的，二者之间有关系应该说是可以看得很清楚的。

王国维先生从清末到民初，一直是研究当时最流行的今古文问题的。康有为作《新学伪经考》《孔子改制考》之后，今古文问题就成为学术界最大的问题，在中国如此，在日本、韩国也是如此。王国维一直都很关心这个问题，他绝不是一个遗老式的人物，实际上他是最新式的学者。只不过，他的研究和任何人都不同，他没有随便写什么文章，而是专门研究中国自汉代以来什么是古文，古文问题在学术上究竟有何意义。他做了大量的工作和充分的研究，写了许许多多的论文和笔记，因此他对这些问题都有现成的看法。所以，他在1925年开设的《古史新证》课上一开头就谈到信古、疑古的问题。信古和疑古作为一个问题来讨论，就是从这里开始的。

《古史新证》开篇总论说："研究中国古史，为最纠纷之问题。上古之事，传说与史实混而不分。史实之中，固不免有所缘饰，与传说无异，而传说之中，亦往往有史实为之素地，二者不易区别，此世界各国之所同也。"当初我一直不明白为什么用"素地"这个词，后来才体会到"素地"就是background，译法可能是从日文而来。"此世界各国之所同也"一句，只有王国维先生讲出来，因为他博通中西。

后面他还专门提到《五帝本纪》，他说："太史公作《五帝本纪》，取孔子所传《五帝德》及《帝系姓》，而斥不雅驯之百家言；于《三代世表》，取《世本》，而斥黄帝以来皆有年数之《谍记》，其术至为谨慎。然好事之徒，世多有之，故《尚书》于今古文外，在汉有张霸之《百两篇》，在魏晋有伪孔安国之书。《百两》虽斥于汉，而伪孔书则六朝以降行用，迄于今日；又汲冢所出《竹书纪年》，自夏以来皆有年数，亦《谍记》之流亚；皇甫谧作《帝王世纪》，亦为五帝三王尽加年数，后人乃复取以补太史公书，此'信古'之过也。"他的主要意思是说，太史公不论写《五帝本纪》，还是编《三代世表》，都是非常谨慎的，而后来有些人反而采用一些不可靠的材料，把一些事情说得很准确，这是"信古派"的错误。

他也反对"疑古"："而'疑古'之过，乃并尧舜禹之人物而亦疑之。其于怀疑之态度及批评之精神，不无可取，然惜于古史材料未尝为充分之处理也。"据王国维的学生回忆，他当时看了古史辨的一些讨论，说这些"破坏有余，建设不足"，也就是说，王国维认为他们的怀疑态度和批评精神是可取的，但是对于古史的材料没有充分利用。所以，他提出了很重要的、直到今天仍有很大影响的"二重证据法"。

他说："吾辈生于今日，幸于纸上之材料外，更得地下之新材料。由此种材料，我辈固得据以补正纸上之材料，亦得证明古书之某部分全为实录，即百家不雅驯之言亦不无表示一面之事实。此二重证据法，惟在今日始得为之。"这是王国维的一大贡献。所谓"二重证据法"，就是把地上的材料和地下的材料互相证明，用今天的话说就是历史学和考古学的结合。大家不要忘了，那是在1925年，当时中国现代的考古学还没有开始呢。中国现代考古学的标志是1926年中国人（李济）自己主持考古田野发掘，这也是王国维参与推动的。在这样的情况下，王国维提出以地上的材料（即书本上的材料）和地下的材料（即考古文物材料）互相印证，形成二重证据。这是极其了不起的观点。王国维的这个论点，后来成为研究中国古史的指导性观点，而且也是中国考古学与历史学密切结合的依据。

我在这里还要特别说的是，顾颉刚先生是一个胸怀极为宽广的人。大家可能不知道顾先生是怎样推荐钱穆先生的。钱穆先生本来在苏南地区无锡、苏州一带教小学，最高也只教过中学。顾颉刚先生看到钱穆写的《先秦诸子系年》稿本，就说："你不应该教中小学，应该到大学当教授，我来介绍。"而钱穆当时正好写了一篇《刘向歆父子年谱》，专门批评康有为的，那不就等于批评疑古思潮吗？他把这篇文章给顾先生看，顾先生拿回去还给他作了改订（这个改订稿现在还存在），改订以后推荐在《燕京学报》上发表，还介绍他到燕大当教授。顾先生的这种美德是我们应该学习的。顾先生对王国维也极其尊重。在他的日记里有一段话，说他做了一个梦，梦见与王国维先生携手同行，他感觉非常幸福。这一点，顾先生是终生不渝的。

当时的清华国学研究院除了四大导师梁启超、王国维、赵元任、陈寅恪以外，还有一位讲师，就是李济。李济先生字济之，湖北钟祥人，是我们国家在国外学习现代考古学的第一人，是中国现代考古学的鼻祖。李济先生在哈佛大学念人类学，受了考古学训练。他1922年回国，1923年在南开大学任教，1925年到了清华国学研究院，开始策划进行考古工作，选定了山西夏县西阴村。夏县传说是夏都，是夏人的故里。1926年他们就来到了夏县西阴村进行田野发掘，这是中国人自己主持的第一次考古发掘，因此被视为现代考古学的开端。夏县西阴村不是一个夏代的遗址，现在大家认为它主要属于仰韶文化庙底沟类型，当然也还有一些更晚一点的地层。到了 1928 年，李济先生担任新成立的中央研究院历史语言研究所考古组的组长，又组织了殷墟发掘等重要的考古工作。

李济先生在王国维二重证据法的影响之下，提出了"古史重建"的论点。他在这方面有两篇代表作：一是 1954 年发表的《中国上古史之重建工作及其问题》，二是 1962 年发表的《再谈中国上古史的重建问题》。这两篇文章明确提出了"古史重建"一词。他的基本论点是在王国维的基础之上，更多偏向于考古，用考古学来重建中国的上古史。

在 20 世纪 30 年代后期，哲学家、哲学史家冯友兰先生为《古史辨》第六册作序，提出"三段论法"，即"信古、疑古、释古"。他说，最初大家都是"信古"的，"信古"之后"疑古"，归结于"释古"，这是"正反合"，符合辩证法。冯友兰先生说的"释古"，应该说和王国维、李济等的理论有共同之处。

以上我们回顾了有关五帝时代，以及上古史研究的一些讨论。关于中国古史研究的方法问题，现在不仅在中国受到重视，在国际上，特别是在西方的一些学者之间也引起很多讨论。我给大家介绍一部代表作：《剑桥中国先秦史》（*The Cambridge History of Ancient China*）。该书的主编是英国学者鲁惟一（Michael Loewe）和美国学者夏含夷（Edward L. Shaughnessy）。《中华文史论丛》2007 年第二期上刊印了该书的序言，由夏含夷亲自翻译成中文。

这篇序言讨论了怎样研究中国古代史的一些问题，比如其中提到，在 19 世纪末 20 世纪初，中国的一些重要考古发现，特别是甲骨文的发现，"引起了某些文献学家对中国两千年以来一直被历史学家所接受的传说的怀疑。《古史辨》乃是这一倾向最明显的代表。《古史辨》是从 1926 年到 1941 年发表的，前几册均由顾颉刚（1893—1980）编辑，收集了当时大批年轻历史学家的研究成果。顾颉刚有意识地采用了考古学的术语来建立所谓'层累'研究方法，以说明中国传统历史文献都经过改动，时间越晚近，传说的性质越浓厚，顾氏以为我们可以通过发掘这些文献所堆积的层累而回归到它最原始的核心。并且，据他说，传说的核心绝对不如后代历史学家想象的那样伟大。不但如此，他更说传统史学的工作一大部分是基于伪造的历史文献，在《古史辨》发表的论文里，曾有人对中国经典如《易经》和《尚书》表示怀疑，更不用说传统上被看作战国时代的众多子书。在倾向对事物抱有怀疑态度的西方汉学家当中，这种疑古精神自然受到热烈欢迎"。

不过，文中对这种疑古的观点，也有所保留和批评："我们不能够完全接受这种一概疑古的态度。文献的传世过程错综复杂，几乎每一个传世文件都经过文字上的改变，这些改变中有的是偶然的，有的是有意的。并且，我们也要考虑到传世文献的代表性：无论是有意地还是无意地，传统的史官和历史学家是不是只选出那些他们自己以为是正统的文献加以保留，而把他们视为异端的文献删除甚至销毁呢？关于传留下来的文献，我们也要考虑到它们的写作动机。由于传统文献的各种不同的形制，有的时候我们很难识清这些动机。"

与此同时，文中还有另一段话："因为出土文字资料与传统文献如此相似，所以最近有一个新的学说以为中国传统文化基本上可信。特别是在中国大陆，这种史观相当流行。持此态度的学者因而被称为'信古派'。这和 20 世纪 20—30 年代所谓的'疑古派'刚好相反。对我们来说，信古派的信仰在某些方面无疑是过分的，它的爱国动机比学术依据还要强烈。因此，很多西方学者剧烈地反对这种全盘信古的观点。对此我们也可以理解。我们认为每一方面都值得仔细考虑、推敲。虽然如此，也很难否认最近几十年以来的考古发现基本上证实了，而决没有推翻中国传统文献的可靠性。"

由此可见，这篇前言对于"信古"和"疑古"都是有所保留和批评的。我想，他们的这一倾向和"释古"的说法是比较接近的，但反映了一种担心，即不要由于反对"疑古"而又走回"信古"的老路。这一点是正确的，我们应该充分接受。

2006 年 10 月山东大学举办了"上古史重建的新路向暨《古史辨》第一册出版八十周年纪念国际学术研讨会"，由此也可见，一直到今天，有关《五帝本纪》之类古史的讨论还在继续。最后我还想向大家介绍一本书，书名叫《五帝时代研究》，作者是河南的考古学家许顺湛。这本书是我们现在看到的最系统的，试图把《五帝本纪》这一类文献材料与考古学相结合的一种努力。这种努力成功与否，我想还要大家来评论。

由于时间关系，我就讲到这里，谢谢大家。

《五帝本纪》三家注原文

【集解】凡是徐氏义，称徐姓名以别之。余者悉是骃注解，并集众家义。【索隐】纪者，记也。本其事而记之，故曰本纪。又纪，理也，丝缕有纪。而帝王书称纪者，言为后代纲纪也。【正义】郑玄注《中候敕省图》云："德合五帝坐星者，称帝。"又《坤灵图》云："德配天地，在正不在私，曰帝。"案：太史公依《世本》《大戴礼》，以黄帝、颛顼、帝喾、唐尧、虞舜为五帝。谯周、应劭、宋均皆同。而孔安国《尚书序》，皇甫谧《帝王世纪》，孙氏注《世本》，并以伏牺、神农、黄帝为三皇，少昊、颛顼、高辛、唐、虞为五帝。裴松之《史目》云"天子称本纪，诸侯曰世家"。本者，系其本系，故曰本；纪者，理也，统理众事，系之年月，名之曰纪；第者，次序之目；一者，举数之由：故曰《五帝本纪》第一。《礼》云："动则左史书之，言则右史书之。"《正义》云："左阳，故记动。右阴，故记言。言为《尚书》，事为《春秋》。"案：春秋时置左右史，故云《史记》也。

黄帝者，^①少典之子，^②姓公孙，名曰轩辕。^③生而神灵，弱

而能言，④幼而徇齐，⑤长而敦敏，成而聪明。⑥

①【集解】徐广曰："号有熊。"【索隐】案：有土德之
瑞，土色黄，故称黄帝，犹神农火德王而称炎帝然也。
此以黄帝为五帝之首，盖依《大戴礼·五帝德》。又谯周、
宋均亦以为然。而孔安国、皇甫谧《帝王代纪》及孙氏
注《系本》并以伏牺、神农、黄帝为三皇，少昊、高阳、
高辛、唐、虞为五帝。注"号有熊"者，以其本是有熊
国君之子故也。亦号轩辕氏。皇甫谧云："居轩辕之丘，
因以为名，又以为号。"又据《左传》，亦号帝鸿氏也。【正
义】《舆地志》云："涿鹿本名彭城，黄帝初都，迁有熊
也。"案：黄帝有熊国君，乃少典国君之次子，号曰有熊
氏，又曰缙云氏，又曰帝鸿氏，亦曰帝轩氏。母曰附宝，
之祁野，见大电绕北斗枢星，感而怀孕，二十四月而生
黄帝于寿丘。寿丘在鲁东门之北，今在兖州曲阜县东北
六里。生日角龙颜，有景云之瑞，以土德王，故曰黄帝。
封泰山，禅亭亭。亭亭在牟阴。

②【集解】谯周曰："有熊国君，少典之子也。"皇甫
谧曰："有熊，今河南新郑是也。"【索隐】少典者，诸侯
国号，非人名也。又案：《国语》云"少典娶有蟜氏女，
生黄帝、炎帝"。然则炎帝亦少典之子。炎、黄二帝虽则
相承，如《帝王代纪》中间凡隔八帝，五百余年。若以
少典是其父名，岂黄帝经五百余年而始代炎帝后为天子
乎？何其年之长也！又案：《秦本纪》云"颛顼氏之裔孙
曰女脩，吞玄鸟之卵而生大业，大业娶少典氏而生柏翳"。

明少典是国号，非人名也。黄帝即少典氏后代之子孙，贾逵亦谓然，故《左传》"高阳氏有才子八人"，亦谓其后代子孙而称为子是也。谯周字允南，蜀人，魏散骑常侍征，不拜。此注所引者，是其人所著《古史考》之说也。皇甫谧字士安，晋人，号玄晏先生。今所引者，是其所作《帝王代纪》也。

③【索隐】案：皇甫谧云"黄帝生于寿丘，长于姬水，因以为姓。居轩辕之丘，因以为名，又以为号"。是本姓公孙，长居姬水，因改姓姬。

④【索隐】弱谓幼弱时也。盖未合能言之时而黄帝即言，所以为神异也。潘岳有《哀弱子》篇，其子未七旬曰弱。【正义】言神异也。《易》曰"阴阳不测之谓神"，《书》云"人惟万物之灵"，故谓之神灵也。

⑤【集解】徐广曰："《墨子》曰'年逾十五，则聪明心虑无不徇通矣'。"骃案：徇，疾；齐，速也。言圣德幼而疾速也。【索隐】斯文未是。今案：徇，齐，皆德也。《书》曰"聪明齐圣"，《左传》曰"子虽齐圣"，谓圣德齐肃也。又案：《孔子家语》及《大戴礼》并作"叡齐"，一本作"慧齐"。叡，慧，皆智也。太史公采《大戴礼》而为此纪，今彼文无作"徇"者。《史记》旧本亦有作"濬齐"。盖古字假借"徇"为"濬"，濬，深也，义亦并通。《尔雅》"齐""速"俱训为疾。《尚书大传》曰"多闻而齐给"。郑注云"齐，疾也"。今裴氏注云徇亦训疾，未见所出。或当读"徇"为"迅"，迅于《尔雅》与齐俱训疾，则迅、濬虽异字，而音同也。又《尔雅》曰"宣，徇，遍也。濬，

通也"。是"遍"之与"通"义亦相近。言黄帝幼而才智周遍，且辩给也。故《墨子》亦云"年逾五十，则聪明心虑不徇通矣"。俗本作"十五"，非是。案：谓年老逾五十不聪明，何得云"十五"？

⑥【正义】成谓年二十冠，成人也。聪明，闻见明辩也。此以上至"轩辕"，皆《大戴礼》文。

轩辕之时，神农氏世衰。①诸侯相侵伐，暴虐百姓，而神农氏弗能征。于是轩辕乃习用干戈，以征不享，②诸侯咸来宾从。而蚩尤最为暴，莫能伐。③炎帝欲侵陵诸侯，诸侯咸归轩辕。轩辕乃修德振兵，④治五气，⑤蓺五种，⑥抚万民，度四方，⑦教熊罴貔貅貙虎，⑧以与炎帝战于阪泉之野。⑨三战，然后得其志。⑩蚩尤作乱，不用帝命。⑪于是黄帝乃征师诸侯，与蚩尤战于涿鹿之野，⑫遂禽杀蚩尤。⑬而诸侯咸尊轩辕为天子，代神农氏，是为黄帝。天下有不顺者，黄帝从而征之，平者去之，⑭披山通道，⑮未尝宁居。

①【集解】皇甫谧曰："《易》称庖牺氏没，神农氏作，是为炎帝。"班固曰："教民耕农，故号曰神农。"【索隐】世衰，谓神农氏后代子孙道德衰薄，非指炎帝之身，即班固所谓"参卢"，皇甫谧所云"帝榆罔"是也。【正义】《帝王世纪》云："神农氏，姜姓也。母曰任姒，有蟜氏女，登为少典妃，游华阳，有神龙首，感生炎帝。人身牛首，长于姜水。有圣德，以火德王，故号炎帝。初都陈，又徙鲁。又曰魁隗氏，又曰连山氏，又曰列山氏。"《括

地志》云:"厉山在随州随县北百里,山东有石穴。(曰)〔昔〕神农生于厉乡,所谓列山氏也。春秋时为厉国。"

②【索隐】谓用干戈以征诸侯之不朝享者。本或作"亭",亭训直,以征诸侯之不直者。

③【集解】应劭曰:"蚩尤,古天子。"瓒曰:"《孔子三朝记》曰'蚩尤,庶人之贪者'。"【索隐】案:此纪云"诸侯相侵伐,蚩尤最为暴",则蚩尤非为天子也。又《管子》曰"蚩尤受卢山之金而作五兵",明非庶人,盖诸侯号也。刘向《别录》云"孔子见鲁哀公问政,比三朝,退而为此记,故曰《三朝》。凡七篇,并入《大戴记》"。今此注见《用兵篇》也。【正义】《龙鱼河图》云:"黄帝摄政,有蚩尤兄弟八十一人,并兽身人语,铜头铁额,食沙石子,造立兵仗刀戟大弩,威振天下,诛杀无道,不慈仁。万民欲令黄帝行天子事,黄帝以仁义不能禁止蚩尤,乃仰天而叹。天遣玄女下授黄帝兵信神符,制伏蚩尤,帝因使之主兵,以制八方。蚩尤没后,天下复扰乱,黄帝遂画蚩尤形像以威天下,天下咸谓蚩尤不死,八方万邦皆为弭服。"《山海经》云:"黄帝令应龙攻蚩尤。蚩尤请风伯、雨师以从,大风雨。黄帝乃下天女曰'魃',以止雨。雨止,遂杀蚩尤。"孔安国曰"九黎君号蚩尤"是也。

④【正义】振,整也。

⑤【集解】王肃曰:"五行之气。"【索隐】谓春甲乙木气,夏丙丁火气之属,是五气也。

⑥【集解】骃案:蓺,树也。《诗》云"蓺之荏菽"。《周礼》曰"谷宜五种"。郑玄曰"五种,黍、稷、菽、麦、

稻也"。【索隐】蓺，种也，树也。五种即五谷也，音朱用反。此注所引见《诗·大雅·生民》之篇。《尔雅》云"荏菽，戎菽"也，郭璞曰"今之胡豆"，郑氏曰"豆之大者"是也。【正义】蓺音鱼曳反。种音肿。

⑦【集解】王肃曰："度四方而安抚之。"【正义】度音徒洛反。

⑧【索隐】《书》云"如虎如貔"，《尔雅》云"貔，白狐"，《礼》曰"前有挚兽，则载貔貅"是也。《尔雅》又曰"貙獌似狸"。此六者猛兽，可以教战。《周礼》有服不氏，掌教扰猛兽。即古服牛乘马，亦其类也。【正义】熊音雄。罴音碑。貔音毗。貅音休。貙音丑于反。罴如熊，黄白色。郭璞云："貔，执夷，虎属也。"案：言教士卒习战，以猛兽之名名之，用威敌也。

⑨【集解】服虔曰："阪泉，地名。"皇甫谧曰："在上谷。"【正义】阪音白板反。《括地志》云："阪泉，今名黄帝泉，在妫州怀戎县东五十六里。出五里至涿鹿东北，与涿水合。又有涿鹿故城，在妫州东南五十里，本黄帝所都也。《晋太康地里志》云'涿鹿城东一里有阪泉，上有黄帝祠'。"案：阪泉之野则平野之地也。

⑩【正义】谓黄帝克炎帝之后。

⑪【正义】言蚩尤不用黄帝之命也。

⑫【集解】服虔曰："涿鹿，山名，在涿郡。"张晏曰："涿鹿在上谷。"【索隐】或作"浊鹿"，古今字异耳。案：《地理志》上谷有涿鹿县，然则服虔云"在涿郡"者，误也。

⑬【集解】《皇览》曰："蚩尤冢在东平郡寿张县阚

乡城中，高七丈，民常十月祀之。有赤气出，如匹绛帛，民名为蚩尤旗。肩髀冢在山阳郡钜野县重聚，大小与阚冢等。传言黄帝与蚩尤战于涿鹿之野，黄帝杀之，身体异处，故别葬之。"【索隐】案：皇甫谧云"黄帝使应龙杀蚩尤于凶黎之谷"。或曰，黄帝斩蚩尤于中冀，因名其地曰"绝辔之野"。注"皇览"，书名也。记先代冢墓之处，宜皇王之省览，故曰《皇览》。是魏人王象、缪袭等所撰也。

⑭【正义】平服者即去之。

⑮【集解】徐广曰："披，他本亦作'陂'。字盖当音波，陂者旁其边之谓也。披语诚合今世，然古今不必同也。"【索隐】披音如字，谓披山林草木而行以通道也。徐广音诐，恐稍纡也。

东至于海，登丸山，①及岱宗。②西至于空桐，③登鸡头。④南至于江，登熊、湘。⑤北逐荤粥，⑥合符釜山，⑦而邑于涿鹿之阿。⑧迁徙往来无常处，以师兵为营卫。⑨官名皆以云命，为云师。⑩置左右大监，监于万国。⑪万国和，而鬼神山川封禅与为多焉。⑫获宝鼎，迎日推筴。⑬举风后、力牧、常先、大鸿⑭以治民。顺天地之纪，⑮幽明之占，⑯死生之说，⑰存亡之难。⑱时播百谷草木，⑲淳化鸟兽虫蛾，⑳旁罗日月星辰水波㉑土石金玉，㉒劳勤心力耳目，节用水火材物。㉓有土德之瑞，故号黄帝。㉔

①【集解】徐广曰："丸，一作'凡'。"骃案：《地理志》曰丸山在郎邪朱虚县。【索隐】注"丸，一作'凡'"，凡音扶严反。【正义】丸音桓。《括地志》云："丸山即丹

山，在青州临朐县界朱虚故县西北二十里，丹水出焉。"丸音纨。守节案:《地志》唯有凡山，盖凡山、丸山是一山耳。诸处字误，或"丸"或"凡"也。《汉书·郊祀志》云"禅丸山"，颜师古云"在朱虚"，亦与《括地志》相合，明丸山是也。

②【正义】泰山，东岳也。在兖州博城县西北三十里也。

③【集解】应劭曰:"山名。"韦昭曰:"在陇右。"

④【索隐】山名也。后汉王孟塞鸡头道，在陇西。一曰崆峒山之别名。【正义】《括地志》云:"空桐山在肃州福禄县东南六十里。《抱朴子·内篇》云'黄帝西见中黄子，受九品之方，过空桐，从广成子受自然之经'，即此山。"《括地志》又云:"笄头山一名崆峒山，在原州平高县西百里，《禹贡》泾水所出。《舆地志》云或即鸡头山也。郦元云盖大陇山异名也。《庄子》云广成子学道崆峒山，黄帝问道于广成子，盖在此。"案:二处崆峒皆云黄帝登之，未详孰是。

⑤【集解】《封禅书》曰:"南伐至于召陵，登熊山。"《地理志》曰湘山在长沙益阳县。【正义】《括地志》云:"熊耳山在商州上洛县西十里，齐桓公登之以望江汉也。湘山一名艑山，在岳州巴陵县南十八里也。"

⑥【集解】《匈奴传》曰:"唐、虞以上有山戎、猃狁、荤粥，居于北蛮。"【索隐】匈奴别名也。唐、虞已上曰山戎，亦曰熏粥，夏曰淳维，殷曰鬼方，周曰猃狁，汉曰匈奴。【正义】荤音熏。粥音育。

⑦【索隐】合诸侯符契圭瑞，而朝之于釜山，犹禹会诸侯于涂山然也。又案：郭子横《洞冥记》称东方朔云"东海大明之墟有釜山，山出瑞云，应王者之符命"，如尧时有赤云之祥之类。盖黄帝黄云之瑞，故曰"合符应于釜山"也。【正义】《括地志》云："釜山在妫州怀戎县北三里，山上有舜庙。"

⑧【正义】广平曰阿。涿鹿，山名，已见上。涿鹿故城在山下，即黄帝所都之邑于山下平地。

⑨【正义】环绕军兵为营以自卫，若辕门即其遗象。

⑩【集解】应劭曰："黄帝受命，有云瑞，故以云纪事也。春官为青云，夏官为缙云，秋官为白云，冬官为黑云，中官为黄云。"张晏曰："黄帝有景云之应，因以名师与官。"

⑪【正义】监，上监去声，下监平声。若周邵分陕也。

⑫【集解】徐广曰："多，一作'朋'。"【索隐】与音羊汝反。与犹许也。言万国和同，而鬼神山川封禅祭祀之事，自古以来帝皇之中，推许黄帝以为多。多犹大也。

⑬【集解】晋灼曰："策，数也，迎数之也。"瓒曰："日月朔望未来而推之，故曰迎日。"【索隐】《封禅书》曰"黄帝得宝鼎神策"，下云"于是推策迎日"，则神策者，神蓍也。黄帝得蓍以推算历数，于是逆知节气日辰之将来，故曰推策迎日也。【正义】筴音策。迎，逆也。黄帝受神筴，命大挠造甲子，容成造历是也。

⑭【集解】郑玄曰："风后，黄帝三公也。"班固曰："力牧，黄帝相也。"大鸿，见《封禅书》。【正义】举，

任用。四人皆帝臣也。《帝王世纪》云:"黄帝梦大风吹天下之尘垢皆去,又梦人执千钧之弩,驱羊万群。帝寤而叹曰:'风为号令,执政者也。垢去土,后在也。天下岂有姓风名后者哉?夫千钧之弩,异力者也。驱羊数万群,能牧民为善者也,天下岂有姓力名牧者哉?'于是依二占而求之,得风后于海隅,登以为相。得力牧于大泽,进以为将。黄帝因著《占梦经》十一卷。"《艺文志》云:"《风后兵法》十三篇,图二卷,《孤虚》二十卷,《力牧兵法》十五篇。"郑玄云:"风后,黄帝之三公也。"案:黄帝仰天地置列侯众官,以风后配上台,天老配中台,五圣配下台,谓之三公也。《封禅书》云"鬼臾区号大鸿,黄帝大臣也。死葬雍,故鸿冢是"。《艺文志》云"《鬼容区兵法》三篇"也。

⑮【正义】言黄帝顺天地阴阳四时之纪也。

⑯【正义】幽,阴;明,阳也。占,数也。言阴阳五行,黄帝占数而知之。此文见《大戴礼》。

⑰【集解】徐广曰:"一云'幽明之数,合死生之说'。"【正义】说谓仪制也。民之生死。此谓作仪制礼则之说。

⑱【索隐】存亡犹安危也。《易》曰"危者安其位,亡者保其存"是也。难犹说也。凡事是非未尽,假以往来之词,则曰难。又上文有"死生之说",故此云"存亡之难",所以韩非著书有《说林》《说难》也。【正义】难音乃惮反。存亡犹生死也。黄帝之前,未有衣裳屋宇。及黄帝造屋宇,制衣服,营殡葬,万民故免存亡之难。

⑲【集解】王肃曰:"时,是也。"【索隐】为一句。【正

058

义】言顺四时之所宜而布种百谷草木也。

⑳【索隐】为一句。蚔音牛绮反。一作"豸"。（豸）言淳化广被及之。【正义】蚔音鱼起反。又音豸，豸音直氏反。蚔，蚍蜉也。《尔雅》曰："有足曰虫，无足曰豸。"

㉑【集解】徐广曰："一作'沃'。"

㉒【索隐】旁，非一方。罗，广布也。今案：《大戴礼》作"历离"。离即罗也。言帝德旁罗日月星辰水波，及至土石金玉。谓日月扬光，海水不波，山不藏珍，皆是帝德广被也。【正义】旁罗犹遍布也。日月，阴阳时节也。星，二十八宿也。辰，日月所会也。水波，澜漪也。言天不异灾，土无别害，水少波浪，山出珍宝。

㉓【正义】节，时节也。水，陂障决泄也。火，山野禁放也。材，木也。物，事也。言黄帝教民，江湖陂泽山林原隰皆收采禁捕以时，用之有节，令得其利也。《大戴礼》云"宰我问于孔子曰：'予闻荣伊曰黄帝三百年。请问黄帝者人耶？何以至三百年？'孔子曰：'劳勤心力耳目，节用水火材物，生而民得其利百年，死而民畏其神百年，亡而民用其教百年，故曰三百年也。'"

㉔【索隐】炎帝火，黄帝土代之，即"黄龙地螾见"是也。螾，土精，大五六围，长十余丈。螾音引。【正义】螾音以刃反。

黄帝二十五子，其得姓者十四人。①

①【索隐】旧解破四为三，言得姓十三人耳。今案：

《国语》胥臣云"黄帝之子二十五宗，其得姓者十四人，为十二姓，姬、酉、祁、己、滕、葳、任、荀、僖、姞、儇、衣是也。唯青阳与夷鼓同己姓"。又云"青阳与苍林为姬姓"。是则十四人为十二姓，其文甚明。唯姬姓再称青阳与苍林，盖《国语》文误，所以致令前儒共疑。其姬姓青阳当为玄嚣，是帝喾祖本与黄帝同姬姓。其《国语》上文青阳，即是少昊金天氏为己姓者耳。既理在不疑，无烦破四为三。

　　黄帝居轩辕之丘，[①]而娶于西陵之女，[②]是为嫘祖。[③]嫘祖为黄帝正妃，[④]生二子，其后皆有天下：其一曰玄嚣，是为青阳，[⑤]青阳降居江水；[⑥]其二曰昌意，降居若水。[⑦]昌意娶蜀山氏女，曰昌仆，生高阳，高阳有圣德焉。[⑧]黄帝崩，[⑨]葬桥山。[⑩]其孙昌意之子高阳立，是为帝颛顼也。

　　①【集解】皇甫谧曰："受国于有熊，居轩辕之丘，故因以为名，又以为号。《山海经》曰'在穷山之际，西射之南'。"张晏曰："作轩冕之服，故谓之轩辕。"

　　②【正义】西陵，国名也。

　　③【集解】徐广曰："祖，一作'俎'。嫘，力追反。"【索隐】一曰雷祖，音力堆反。【正义】一作"傫"。

　　④【索隐】案：黄帝立四妃，象后妃四星。皇甫谧云："元妃西陵氏女，曰累祖，生昌意。次妃方雷氏女，曰女节，生青阳。次妃彤鱼氏女，生夷鼓，一名苍林。次妃嫫母，班在三人之下。"案：《国语》夷鼓、苍林是二人。

又案:《汉书·古今人表》彤鱼氏生夷鼓，嫫母生苍林，不得如谧所说。太史公乃据《大戴礼》，以累祖生昌意及玄嚣，玄嚣即青阳也。皇甫谧以青阳为少昊，乃方雷氏所生，是其所见异也。

⑤【索隐】玄嚣，帝喾之祖。案：皇甫谧及宋衷皆云玄嚣青阳即少昊也。今此纪下云"玄嚣不得在帝位"，则太史公意青阳非少昊明矣。而此又云"玄嚣是为青阳"，当是误也。谓二人皆黄帝子，并列其名，所以前史因误以玄嚣、青阳为一人耳。宋衷又云："玄嚣青阳是为少昊，继黄帝立者，而史不叙，盖少昊金德王，非五运之次，故叙五帝不数之也。"

⑥【正义】《括地志》云："安阳故城在豫州新息县西南八十里。应劭云古江国也。《地理志》亦云安阳古江国也。"

⑦【索隐】降，下也。言帝子为诸侯，降居江水、〔若水〕。江水、若水皆在蜀，即所封国也。《水经》曰"水出旄牛徼外，东南至故关为若水，南过邛都，又东北至朱提县为卢江水"，是蜀有此二水也。

⑧【正义】《华阳国志》及《十三州志》云："蜀之先肇于人皇之际。黄帝为子昌意娶蜀山氏，后子孙因封焉。帝颛顼高阳氏，黄帝之孙，昌意之子，母曰昌仆，亦谓之女枢。"《河图》云："瑶光如蜺贯月，正白，感女枢于幽房之宫，生颛顼，首戴干戈，有德文也。"

⑨【集解】皇甫谧曰："在位百年而崩，年百一十一岁。"【索隐】案：《大戴礼》"宰我问孔子曰：'荣伊言黄

帝三百年，请问黄帝何人也？抑非人也？何以至三百年乎？'对曰：'生而人得其利百年，死而人畏其神百年，亡而人用其教百年。'"则士安之说略可凭矣。【正义】《列仙传》云："轩辕自择亡日与群臣辞。还葬桥山，山崩，棺空，唯有剑舃在棺焉。"

⑩【集解】《皇览》曰："黄帝冢在上郡桥山。"【索隐】《地理志》桥山在上郡阳周县，山有黄帝冢也。【正义】《括地志》云："黄帝陵在宁州罗川县东八十里子午山。《地理志》云上郡阳周县桥山南有黄帝冢。"案：阳周，隋改为罗川。《尔雅》云山锐而高曰桥也。"

帝颛顼高阳者，①黄帝之孙而昌意之子也。静渊以有谋，疏通而知事；养材以任地，②载时③以象天，依鬼神以制义，④治气⑤以教化，絜诚以祭祀。北至于幽陵，⑥南至于交阯，⑦西至于流沙，⑧东至于蟠木。⑨动静之物，⑩大小之神，⑪日月所照，莫不砥属。⑫

①【集解】皇甫谧曰："都帝丘，今东郡濮阳是也。"【索隐】宋衷云："颛顼，名；高阳，有天下号也。"张晏云："高阳者，所兴地名也。"

②【索隐】言能养材物以任地。《大戴礼》作"养财"。

③【索隐】载，行也。言行四时以象天。《大戴礼》作"履时以象天"。履亦践而行也。

④【索隐】鬼神聪明正直，当尽心敬事，因制尊卑之义，故《礼》曰"降于祖庙之谓仁义"是也。【正义】

鬼之灵者曰神也。鬼神谓山川之神也。能兴云致雨，润养万物也，故已依冯之剬义也。剬，古制字。

⑤【索隐】谓理四时五行之气以教化万人也。

⑥【正义】幽州也。

⑦【正义】阯音止，交州也。

⑧【集解】《地理志》曰流沙在张掖居延县。【正义】济，渡也。《括地志》云："居延海南，甘州张掖县东北千六十四里是。"

⑨【集解】《海外经》曰："东海中有山焉，名曰度索。上有大桃树，屈蟠三千里。东北有门，名曰鬼门，万鬼所聚也。天帝使神人守之，一名神荼，一名郁垒，主阅领万鬼。若害人之鬼，以苇索缚之，射以桃弧，投虎食也。"

⑩【正义】动物谓鸟兽之类，静物谓草木之类。

⑪【正义】大谓五岳、四渎，小谓丘陵坟衍。

⑫【集解】王肃曰："砥，平也。四远皆平而来服属。"【索隐】依王肃音止蜀，据《大戴礼》作"砥砺"也。

帝颛顼生子曰穷蝉。①颛顼崩，②而玄嚣之孙高辛立，是为帝喾。

①【索隐】《系本》作"穷系"。宋衷云："一云穷系，谥也。"【正义】帝舜之高祖也。

②【集解】皇甫谧曰："在位七十八年，年九十八。"《皇览》曰："颛顼冢在东郡濮阳顿丘城门外广阳里中。

顿丘者城门，名顿丘道。"【索隐】皇甫谧云："据《左氏》，
岁在鹑火而崩，葬东郡。"又《山海经》曰："颛顼葬鲋
鱼山之阳，九嫔葬其阴。"

帝喾高辛者，[①]黄帝之曾孙也。高辛父曰蟜极，[②]蟜极父曰
玄嚣，玄嚣父曰黄帝。自玄嚣与蟜极皆不得在位，至高辛即帝
位。[③]高辛于颛顼为族子。

  [①]【集解】张晏曰："少昊以前，天下之号象其德。
  颛顼以来，天下之号因其名。高阳、高辛皆所兴之地名；
  颛顼与喾皆以字为号：上古质故也。"【索隐】宋衷曰："高
  辛地名，因以为号。喾，名也。"皇甫谧云："帝喾名夋也。"
  【正义】《帝王纪》云："俈母无闻焉。"
  [②]【正义】蟜音居兆反。本作"桥"，音同。又巨遥
  反。帝尧之祖也。
  [③]【集解】皇甫谧曰："都亳，今河南偃师是。"

高辛生而神灵，自言其名。[①]普施利物，不于其身。聪以知远，
明以察微。顺天之义，知民之急。仁而威，惠而信，修身而天下服。
取地之财而节用之，抚教万民而利诲之，历日月而迎送之，[②]
明鬼神而敬事之。[③]其色郁郁，其德嶷嶷。[④]其动也时，其服也士。[⑤]
帝喾溉执中而遍天下，[⑥]日月所照，风雨所至，莫不从服。[⑦]

  [①]【正义】《帝王纪》云："帝俈高辛，姬姓也。其
  母生见其神异，自言其名曰岌。龆龀有圣德，年十五而

佐颛顼，三十登位，都亳，以人事纪官也。"

②【正义】言作历弦、望、晦、朔，日月未至而迎之，过而送之，上"迎日推策"是也。

③【正义】天神曰神，人神曰鬼。又云圣人之精气谓之神，贤人之精气谓之鬼。言明识鬼神而敬事也。

④【索隐】郁郁犹穆穆也。嶷嶷，德高也。今案：《大戴礼》"郁"作"神"，"嶷"作"俟"。

⑤【索隐】举动应天时，衣服服士服，言其公且廉也。

⑥【集解】徐广曰："古'既'字作水旁。'遍'字一作'尹'。"【索隐】即《尚书》"允执厥中"是也。【正义】溉音既。言帝佶治民，若水之溉灌，平等而执中正，遍于天下也。

⑦【正义】以上《大戴》文也。

帝喾娶陈锋氏女，①生放勋。②娶娵訾氏女，生挚。③帝喾崩，④而挚代立。帝挚立，不善（崩），⑤而弟放勋立，是为帝尧。

①【索隐】锋音峰。案：《系本》作"陈酆氏"。皇甫谧云"陈锋氏女曰庆都"。庆都，名也。【正义】锋音峰。又作"丰"。《帝王纪》云"帝喾有四妃，卜其子皆有天下。元妃有邰氏女，曰姜嫄，生后稷。次妃有娀氏女，曰简狄，生卨，次妃陈丰氏女，曰庆都，生放勋。次妃娵訾氏女，曰常仪，生帝挚"也。

②【正义】放音方往反。勋亦作"勋"，音许云反。言尧能放上代之功，故曰放勋。谥尧。姓伊祁氏。《帝王

纪》云："帝尧陶唐氏，祁姓也。母庆都，十四月生尧。"

③【索隐】案：皇甫谧云"女名常宜"也。【正义】娵，足须反。訾，紫移反。

④【集解】皇甫谧曰："在位七十年，年百五岁。"《皇览》曰："帝喾冢在东郡濮阳顿丘城南台阴野中。"

⑤【索隐】古本作"不著"，音张虑反。俗本作"不善"。不善谓微弱，不著犹不著明。卫宏云："挚立九年而唐侯德盛，因禅位焉。"【正义】《帝王纪》云："帝挚之母于四人中班最在下，而挚于兄弟最长，得登帝位。封异母弟放勋为唐侯。挚在位九年，政微弱，而唐侯德盛，诸侯归之，挚服其义，乃率群臣造唐而致禅。唐侯自知有天命，乃受帝禅，乃封挚于高辛。"今定州唐县也。

帝尧者，[1]放勋。[2]其仁如天，[3]其知如神。[4]就之如日，[5]望之如云。[6]富而不骄，贵而不舒。[7]黄收纯衣，[8]彤车乘白马，能明驯德，[9]以亲九族。九族既睦，便章百姓。[10]百姓昭明，合和万国。

①【集解】《谥法》曰："翼善传圣曰尧。"【索隐】尧，谥也。放勋，名。帝喾之子，姓伊祁氏。案：皇甫谧云"尧初生时，其母在三阿之南，寄于伊长孺之家，故从母所居为姓也"。【正义】徐广云："号陶唐。"《帝王纪》云："尧都平阳，于《诗》为唐国。"徐才《宗国都城记》云："唐国，帝尧之裔子所封。其北，帝夏禹都，汉曰太原郡，在古冀州太行恒山之西。其南有晋水。"《括地志》云："今晋州所理平阳故城是也。平阳河水一名晋水也。"

②【集解】徐广曰:"号陶唐。"皇甫谧曰:"尧以甲申岁生,甲辰即帝位,甲午征舜,甲寅舜代行天子事,辛巳崩,年百一十八,在位九十八年。"

③【索隐】如天之函养也。

④【索隐】如神之微妙也。

⑤【索隐】如日之照临,人咸依就之,若葵藿倾心以向日也。

⑥【索隐】如云之覆渥,言德化广大而浸润生人,人咸仰望之,故曰如百谷之仰膏雨也。

⑦【索隐】舒犹慢也。《大戴礼》作"不豫"。

⑧【集解】徐广曰:"纯,一作'紑'。"骃案:《太古冠冕图》云"夏名冕曰收"。《礼记》曰"野夫黄冠"。郑玄曰"纯衣,士之祭服"。【索隐】收,冕名。其色黄,故曰黄收,象古质素也。纯,读曰缁。

⑨【集解】徐广曰:"驯,古训字。"【索隐】《史记》"驯"字徐广皆读曰训。训,顺也。言圣德能顺人也。案:《尚书》作"俊德",孔安国云"能明用俊德之士",与此文意别也。

⑩【集解】徐广曰:"下云'便程东作',然则训平为便也。"骃案:《尚书》并作"平"字。孔安国曰"百姓,百官"。郑玄曰"百姓,群臣之父子兄弟"。【索隐】《古文尚书》作"平",此文盖读"平"为浦耕反。平既训便,因作"便章"。其今文作"辩章"。古"平"字亦作"便",音婢缘反。便则训辩,遂为辩章。邹诞生本亦同也。

乃命羲、和，^①敬顺昊天，^②数法^③日月星辰，^④敬授民时。^⑤分命羲仲，居郁夷，曰旸谷。^⑥敬道日出，便程东作。^⑦日中，星鸟，以殷中春。^⑧其民析，鸟兽字微。^⑨申命羲叔，居南交。^⑩便程南为，敬致。^⑪日永，星火，以正中夏。^⑫其民因，鸟兽希革。^⑬申命和仲，^⑭居西土，^⑮曰昧谷。^⑯敬道日入，便程西成。^⑰夜中，星虚，^⑱以正中秋。^⑲其民夷易，鸟兽毛毨。^⑳申命和叔，居北方，曰幽都。^㉑便在伏物。^㉒日短，星昴，以正中冬。^㉓其民燠，鸟兽氄毛。^㉔岁三百六十六日，以闰月正四时。^㉕信饬^㉖百官，众功皆兴。

①【集解】孔安国曰："重黎之后，羲氏、和氏世掌天地之官。"【正义】《吕刑传》云："重即羲，黎即和，虽别为氏族，而出自重黎也。"案：圣人不独治，必须贤辅，乃命相天地之官，若《周礼》天官卿、地官卿也。

②【正义】敬犹恭勤也。元气昊然广大，故云昊天。《释天》云："春为苍天，夏为昊天，秋为旻天，冬为上天。"而独言昊天者，以尧能敬天，大，故以昊大言之。

③【索隐】《尚书》作"历象日月"，则此言"数法"，是训"历象"二字，谓命羲和以历数之法观察日月星辰之早晚，以敬授人时也。

④【正义】历数之法，日之甲乙，月之大小，昏明递中之星，日月所会之辰，定其天数，以为一岁之历。

⑤【正义】《尚书考灵耀》云："主春者，张昏中，可以种稷。主夏者，火昏中，可以种黍菽。主秋者，虚昏中，可以种麦。主冬者，昴昏中，可以收敛也。"天子视四星之中，知民缓急，故云敬授民时也。

⑥【集解】《尚书》作"嵎夷"。孔安国曰:"东表之地称嵎夷。日出于旸谷。羲仲,治东方之官。"【索隐】旧本作"汤谷",今并依《尚书》字。案:《淮南子》曰"日出汤谷,浴于咸池",则汤谷亦有他证明矣。又下曰"昧谷",徐广云"一作'柳'",柳亦日入处地名。太史公博采经记而为此史,广记异闻,不必皆依《尚书》。盖郁夷亦地之别名也。【正义】郁音隅。阳或作"旸"。《禹贡》青州云:"嵎夷既略。"案:嵎夷,青州也。尧命羲仲理东方青州嵎夷之地,日所出处,名曰阳明之谷。羲仲主东方之官,若《周礼》春官卿。

⑦【集解】孔安国曰:"敬道出日,平均次序东作之事,以务农也。"【索隐】刘伯庄传皆依古史作平秩音。然《尚书大传》曰"辩秩东作",则是训秩为程,言便课其作程者也。【正义】道音导。便、程,并如字,后同。导,训也。三春主东,故言日出。耕作在春,故言东作。命羲仲恭勤道训万民东作之事,使有程期。

⑧【集解】孔安国曰:"日中谓春分之日也。鸟,南方朱鸟七宿也。殷,正也。春分之昏,鸟星毕见,以正仲春之气节。转以推孟、季,则可知也。"【正义】下"中"音仲,夏、秋、冬并同。

⑨【集解】孔安国曰:"春事既起,丁壮就功,言其民老壮分析也。"乳化曰字。《尚书》"微"作"尾"字。说(文)云"尾,交接也"。

⑩【集解】孔安国曰:"夏与春交,此治南方之官也。"【索隐】孔注未是。然则冬与秋交,何故下无其文?且东

069

嵎夷，西昧谷，北幽都，三方皆言地，而夏独不言地，乃云与春交，斯不例之甚也。然南方地有名交阯者，或古文略举一字名地，南交则是交阯不疑也。【正义】羲叔主南方官，若《周礼》夏官卿也。

⑪【集解】孔安国曰："为，化也。平序分南方化育之事，敬行其教，以致其功也。"【索隐】为依字读。春言东作，夏言南为，皆是耕作营为劝农之事。孔安国强读为"讹"字，虽则训化，解释亦甚纡回也。【正义】为音于伪反。命羲叔宜恭勤民事。致其种殖，使有程期也。

⑫【集解】孔安国曰："永，长也，谓夏至之日。火，苍龙之中星，举中则七星见可知也，以正中夏之〔气〕节。"马融、王肃谓日长昼漏六十刻，郑玄曰五十五刻。

⑬【集解】孔安国曰："因，谓老弱因就在田之丁壮以助农也。夏时鸟兽毛羽希少改易也。革，改也。"

⑭【正义】和仲主西方之官，若《周礼》秋官卿也。

⑮【集解】徐广曰："一无'土'字。以为西者，今天水之西县也。"骃案：郑玄曰"西者，陇西之西，今人谓之兑山"。

⑯【集解】徐广曰："一作'柳谷'。"骃案：孔安国曰"日入于谷而天下冥，故曰昧谷。此居治西方之官，掌秋天之政也"。

⑰【集解】孔安国曰："秋，西方，万物成也。"

⑱【索隐】虚，旧依字读，而邹诞生音墟。案：虚星主坟墓，邹氏或得其理。

⑲【集解】孔安国曰："春言日，秋言夜，互相备也。

虚，玄武之中星。亦言七星皆以秋分日见，以正三秋也。"

⑳【集解】孔安国曰："夷，平也。老壮者在田，与夏平也。毵，理也。毛更生（曰）整理。"

㉑【集解】孔安国曰："北称幽都，谓所聚也。"【索隐】《山海经》曰"北海之内有山名幽都"，盖是也。【正义】案：北方幽州，阴聚之地，命和叔居理之。北方之官，若《周礼》冬官卿。

㉒【索隐】使和叔察北方藏伏之物，谓人畜积聚等冬皆藏伏。《尸子》亦曰"北方者，伏方也"。《尚书》作"平在朔易"。今案：《大传》云"便在伏物"，太史公据之而书。

㉓【集解】孔安国曰："日短，冬至之日也。昴，白虎之中星。亦以七星并见，以正冬节也。"马融、王肃谓日短昼漏四十刻。郑玄曰四十五刻，失之。

㉔【集解】徐广曰："氄音茸。"骃案：孔安国曰"民入室处，鸟兽皆生氄毧细毛以自温也"。

㉕【索隐】夫周天三百六十五度四分度之一，是天度数也。而日行迟，一岁一周天；月行疾，一月一周天。日一日行一度，月一日行十三度十九分度之七。至二十九日半强，月行天一币，又逐及日而与会。一年十二会，是为十二月。每月二十九日过半。年分出小月六，是每岁余六日。又大岁三百六十六日，小岁三百五十五日，举全数云六十六日。其实一岁唯余十一日弱。未满三岁，已成一月，则置闰。若三年不置闰，则正月为二月。九年差三月，则以春为夏。十七年差六月，则四时皆反。以此四时不正，岁不成矣。故《传》曰"归余于终，事

则不悖"是也。

㉖【集解】徐广曰："古'勅'字。"

尧曰："谁可顺此事？"①放齐曰："嗣子丹朱开明。"②尧曰："吁！顽凶，不用。"③尧又曰："谁可者？"讙兜曰："共工旁聚布功，可用。"④尧曰："共工善言，其用僻，似恭漫天，不可。"⑤尧又曰："嗟，四岳，⑥汤汤洪水滔天，浩浩怀山襄陵，⑦下民其忧，有能使治者？"皆曰鲧可。⑧尧曰："鲧负命毁族，不可。"⑨岳曰："异哉，试不可用而已。"⑩尧于是听岳用鲧。九岁，功用不成。⑪

①【正义】言将登用之嗣位也。

②【集解】孔安国曰："放齐，臣名。"【正义】放音方往反。郑玄云："帝尧胤嗣之子，名曰丹朱，开明也。"案：开，解而达也。《帝王纪》云："尧娶散宜氏女，曰女皇，生丹朱。"《汲冢纪年》云："后稷放帝子丹朱。"范汪《荆州记》云："丹水县在丹川，尧子朱之所封也。"《括地志》云："丹水故城在邓州内乡县西南百三十里。丹水故为县。"

③【集解】孔安国曰："吁，疑怪之辞。"【正义】《左传》云："口不道忠信之言为嚚，心不则德义之经为顽。"凶，讼也。言丹朱心既顽嚚，又好争讼，不可用之。

④【集解】孔安国曰："讙兜，臣名。"郑玄曰："共工，水官名。"【正义】兜音斗侯反。

⑤【正义】漫音莫干反。共工善为言语，用意邪僻也。似于恭敬，罪恶漫天，不可用也。

⑥【集解】郑玄曰："四岳，四时官，主方岳之事。"

【正义】嗟叹鸿水，问四岳谁能理也。孔安国云："四岳，即上羲和四子也。分掌四岳之诸侯，故称焉。"

⑦【集解】孔安国曰："怀，包；襄，上也。"【正义】汤音商，今读如字。荡荡，广平之貌。言水奔突有所涤除，地上之物为水漂流荡荡然。案：怀，藏，包裹之义，故怀为包。《释言》以襄为驾，驾乘牛马皆在上也。言水襄上乘陵，浩浩盛大，势若漫天。

⑧【集解】马融曰："鲧，臣名，禹父。"

⑨【正义】负音佩，依《字通》。负，违也。族，类也。鲧性很戾，违负教命，毁败善类，不可用也。《诗》云"贪人败类"也。

⑩【正义】异音異。孔安国云："异，已；已，退也。言余人尽已，唯鲧可试，无成乃退。"

⑪【正义】《尔雅·释天》云："载，岁也。夏曰祀，周曰年，唐、虞曰载。"李巡云："各自纪事，示不相袭也。"孙炎云："岁，取岁星行一次也。祀，取四时祭祀一讫也。年，取禾谷一熟也。载，取万物终更始也。载者，年之别名，故以载为年也。"案：功用不成，水害不息，故放退也。至明年得舜，乃殛之羽山，而用其子禹也。

尧曰："嗟！四岳：朕在位七十载，汝能庸命，践朕位？"①岳应曰："鄙德忝帝位。"②尧曰："悉举贵戚及疏远隐匿者。"众皆言于尧曰："有矜在民间，曰虞舜。"③尧曰："然，朕闻之。其何如？"岳曰："盲者子。父顽，母嚚，弟傲，能和以孝，烝烝治，不至奸。"④尧曰："吾其试哉。"⑤于是尧妻之二女，⑥观其德于二女。⑦舜饬下二女于妫汭，⑧如妇礼。尧善之，乃使舜慎和五典，⑨五典能从。乃遍入百官，百官时序。宾于四门，四门穆穆，诸侯远方宾客皆敬。⑩尧使舜入山林⑪川泽，暴风雷雨，舜行不迷。尧以为圣，召舜曰："女谋事至而言可绩，三年矣。⑫女登帝位。"舜让于德不怿。⑬正月上日，⑭舜受终于文祖。文祖者，尧大祖也。⑮

①【集解】郑玄曰："言汝诸侯之中有能顺事用天命者，入处我位，统治天子之事者乎？"【正义】孔安国云："尧年十六，以唐侯升为天子，在位七十载，时八十六，老将求代也。"

②【正义】四岳皆云，鄙俚无德，若便行天子事，是辱帝位。言己等不堪也。

③【集解】孔安国曰："无妻曰矜。"【正义】矜，古顽反。

④【集解】孔安国曰："不至于奸恶。"【正义】烝，之升反，进也。言父顽，母嚚，弟傲，舜皆和以孝，进之于善，不至于奸恶也。

⑤【正义】欲以二女试舜，观其理家之道也。

⑥【正义】妻音七计反。二女，娥皇、女英也。娥皇无子，女英生商均。舜升天子，娥皇为后，女英为妃。

⑦【正义】视其为德行于二女，以理家而观国也。

⑧【集解】孔安国曰："舜所居妫水之汭。"【索隐】《列女传》云二女长曰娥皇，次曰女英。《系本》作"女莹"。《大戴礼》作"女匽"。皇甫谧云："妫水在河东虞乡县历山西。汭，水涯也，犹洛汭、渭汭然也。"【正义】

伤音敕。下音胡亚反。汭音芮。舜能整齐二女以义理，下二女之心于妫汭，使行妇道于虞氏也。《括地志》云："妫汭水源出蒲州河东南山。许慎云：'水涯曰汭。'案：《地记》云'河东郡青山东山中有二泉，下南流者妫水，北流者汭水。二水异源，合流出谷，西注河。妫水北曰汭也'。又云'河东县二里故蒲坂城，舜所都也。城中有舜庙，城外有舜宅及二妃坛'。"

⑨【集解】郑玄曰："五典，五教也。盖试以司徒之职。"

⑩【集解】马融曰："四门，四方之门。诸侯群臣朝者，舜宾迎之，皆有美德也。"

⑪【索隐】《尚书》云"纳于大麓"，《穀梁传》云"林属于山曰麓"，是山足曰麓，故此以为入山林不迷。孔氏以麓训录，言令舜大录万几之政，与此不同。

⑫【集解】郑玄曰："三年者，宾四门之后三年也。"

⑬【集解】徐广曰："音亦。《今文尚书》作'不怡'。怡，怿也。"【索隐】古文作"不嗣"，今文作"不怡"，怡即怿也。谓辞让于德不堪，所以心意不悦怿也。俗本作"泽"，误尔，亦当为"怿"。

⑭【集解】马融曰："上日，朔日也。"【正义】郑玄云："帝王易代，莫不改正。尧正建丑，舜正建子，此时未改，故依尧正月上日也。"

⑮【集解】郑玄曰："文祖者，五府之大名，犹周之明堂。"【索隐】《尚书帝命验》曰："五府，五帝之庙。苍曰灵府，赤曰文祖，黄曰神斗，白曰显纪，黑曰玄矩。

唐虞谓之五府，夏谓世室，殷谓重屋，周谓明堂，皆祀五帝之所也。"【正义】舜受尧终帝之事于文祖也。《尚书帝命验》云："帝者承天立五府，以尊天重象也。五府者，黄曰神斗。"注云："唐虞谓之天府，夏谓之世室，殷谓之重屋，周谓之明堂，皆祀五帝之所也。文祖者，赤帝熛怒之府，名曰文祖。火精光明，文章之祖，故谓之文祖。周曰明堂。神斗者，黄帝含枢纽之府，名曰神斗。斗，主也。土精澄静，四行之主，故谓之神斗。周曰太室。显纪者，白帝招拒之府，名显纪。纪，法也。金精断割万物，故谓之显纪。周曰总章。玄矩者，黑帝汁光纪之府，名曰玄矩。矩，法也。水精玄昧，能权轻重，故谓之玄矩。周曰玄堂。灵府者，苍帝灵威仰之府，名曰灵府。周曰青阳。"

于是帝尧老，命舜摄行天子之政，以观天命。舜乃在璇玑玉衡，以齐七政。[1]遂类于上帝，[2]禋于六宗，[3]望于山川，[4]辩于群神。[5]揖五瑞，择吉月日，见四岳诸牧，班瑞。[6]岁二月，东巡狩，至于岱宗，柴，[7]望秩于山川。[8]遂见东方君长，合时月正日，[9]同律度量衡，[10]修五礼[11]五玉[12]三帛[13]二生[14]一死[15]为挚，[16]如五器，卒乃复。[17]五月，南巡狩；八月，西巡狩；十一月，北巡狩：皆如初。归，至于祖祢庙，[18]用特牛礼。五岁一巡狩，群后四朝。[19]徧告以言，[20]明试以功，车服以庸。[21]肇十有二州，决川。[22]象以典刑，[23]流宥五刑，[24]鞭作官刑，[25]扑作教刑，[26]金作赎刑。[27]眚灾过，赦；[28]怙终[29]贼，刑。[30]钦哉，钦哉，惟刑之静哉！[31]

①【集解】郑玄曰："璇玑，玉衡，浑天仪也。七政，

076

日月五星也。"【正义】《说文》云:"璇,赤玉也。"案:舜虽受尧命,犹不自安,更以璇玑玉衡以正天文。玑为运转,衡为横箫,运玑使动于下,以衡望之,是王者正天文器也,观其齐与不齐。今七政齐,则己受禅为是。蔡邕云:"玉衡长八尺,孔径一寸,下端望之,以视星宿,并县玑以象天,而以衡望之,转玑窥衡,以知星宿。玑径八尺,圆周二丈五尺而强也。"郑玄云:"运转者为玑,持正者为衡。"《尚书大传》云:"政者,齐中也。谓春秋冬夏天文地理人道,所以为政也,道正而万事顺成,故天道政之大也。"

②【集解】郑玄曰:"礼祭上帝于圜丘。"【正义】《五经异义》云:"非时祭天谓之类,言以事类告也。时舜告摄,非常祭也。"《王制》云:"天子将出,类于上帝。"郑玄云:"昊天上帝谓天皇大帝,北辰之星。"

③【集解】郑玄曰:"六宗,星、辰、司中、司命、风师、雨师也。"骃案:六宗义众矣。愚谓郑说为长。【正义】《周语》云"精意以享曰禋"也。孙炎云:"禋,絜敬之祭也。"案:星,五纬星也。辰,日月所会十二次也。司中、司命,文昌第五、第四星也。风师,箕星也。雨师,毕星也。孔安国云:"四时寒暑也,日月星也,水旱也。"《礼·祭法》云:"埋少牢于大昭,祭时也。禳祈于坎坛,祭寒暑也。王宫,祭日也。夜明,祭月也。幽禜,祭星。雩禜,祭水旱也。"司马彪《续汉书》云:"安帝立六宗,祀于洛阳城西北亥地,礼比大社。魏因之。至晋初,荀颛言新祀,以六宗之神诸家说不同,乃废之也。"

④【集解】徐广曰："名山大川。"【正义】望者，遥望而祭山川也。山川，五岳、四渎也。《尔雅》云："梁山，晋望也。"

⑤【集解】徐广曰："辩音班。"骃案：郑玄曰"群神若丘陵坟衍"。【正义】辩音遍。谓祭群神也。

⑥【集解】马融曰："揖，敛也。五瑞，公侯伯子男所执，以为瑞信也。尧将禅舜，使群牧敛之，使舜亲往班之。"【正义】揖音集。《周礼·典瑞》云："王执镇圭，尺二寸。公执桓圭，九寸。侯执信圭，七寸。伯执躬圭，五寸。子执谷璧，男执蒲璧，皆五寸。言五瑞者，王不在中也。"孔文祥云："宋末，会稽修禹庙，于庙庭山土中得五等圭璧百余枚，形与《周礼》同，皆短小。此即禹会诸侯于会稽，执以礼山神而埋之。其璧今犹有在也。"

⑦【集解】马融曰："舜受终后五年之二月。"郑玄曰："建卯之月也。柴祭东岳者，考绩。柴，燎也。"【正义】案：既班瑞群后即东巡者，守土之诸侯会岱宗之岳，焚柴告至也。王者巡狩，以诸侯自专一国，威福任己，恐其壅遏上命，泽不下流，故巡行问人疾苦也。《风俗通》云："太，山之尊者，一曰岱宗，始也，长也，万物之始，阴阳交代，故为五岳之长也。"案：二月，仲月也。仲，中也，言得其中也。

⑧【正义】乃以秩望祭东方诸侯境内之名山大川也。言秩者，五岳视三公，四渎视诸侯。

⑨【集解】郑玄曰："协正四时之月数及日名，备有失误。"【正义】既见东方君长，乃合同四时气节，月之

078

大小，日之甲乙，使齐一也。《周礼》："太史掌正岁年以序事，颁正朔于邦国。"则节气晦朔皆天子颁之。犹恐诸侯国异，或不齐同，因巡狩合正之。

⑩【集解】郑玄曰："律，音律；度，丈尺；量，斗斛；衡，斤两也。"【正义】律之十二律，度之丈尺，量之斗斛，衡之斤两，皆使天下相同，无制度长短轻重异也。《汉·律历志》云："《虞书》云'同律度量衡'，所以齐远近，立民信也。律有十二，阳六为律，阴六为吕。律以统气类物，一曰黄钟，二曰太蔟，三曰姑洗，四曰蕤宾，五曰夷则，六曰无射。吕以旅阳宣气，一曰林钟，二曰南吕，三曰应钟，四曰大吕，五曰夹钟，六曰中吕。度者，分、寸、尺、丈、引也，所以度长短也。本起黄钟之管长，以子谷秬黍中者一黍为一分，十分为一寸，十寸为尺，十尺为丈，十丈为引，而五度审矣。量者，龠、合、升、斗、斛也，所以量多少也。本起黄钟之龠，以子谷秬黍中者千有二百实为一龠，合龠为合，十合为升，十升为斗，十斗为斛，而五量嘉矣。衡权者，铢、两、斤、钧、石也，所以称物轻重也。本起于黄钟之重，一龠容千二百黍，重十二铢，二十四铢为两，十六两为斤，三十斤为钧，四钧为石，而五权谨矣。衡，平也。权，重也。"

⑪【集解】马融曰："吉、凶、宾、军、嘉也。"【正义】《周礼》"以吉礼事邦国之鬼神祇，以凶礼哀邦国之忧，以宾礼亲邦国，以军礼同邦国，以嘉礼亲万民"也。《尚书·尧典》云"类于上帝"，吉礼也；"如丧考妣"，凶礼也；"群后四朝"，宾礼也；《大禹谟》云"汝徂征"，军礼也；

《尧典》云"女于时"，嘉礼也。女音女虑反。

⑫【集解】郑玄曰："即五瑞也。执之曰瑞，陈列曰玉。"

⑬【集解】马融曰："三孤所执也。"郑玄曰："帛，所以荐玉也。必三者，高阳氏后用赤缯，高辛氏后用黑缯，其余诸侯皆用白缯。"【正义】孔安国云："诸侯世子执缥，公之孤执玄，附庸之君执黄也。"案：《三统纪》推伏羲为天统，色尚赤。神农为地统，色尚黑。黄帝为人统，色尚白。少昊，黄帝子，亦尚白。故高阳氏又天统，亦尚赤。尧为人统，故用白。

⑭【正义】羔、雁也。郑玄注《周礼·大宗伯》云："羔，小羊也，取其群不失其类也。雁，取其候时而行也。卿执羔，大夫执雁。"案：羔、雁性驯，可生为贽。

⑮【正义】雉也。马融云："一死雉，士所执也。"案：不可生为贽，故死。雉，取其守介死不失节也。

⑯【集解】马融曰："挚：二生，羔、雁，卿大夫所执；一死，雉，士所执。"【正义】挚音至。贽，执也。郑玄云："贽之言至，所以自致也。"韦昭云："贽，六贽：孤执皮帛，卿执羔，大夫执雁，士执雉，庶人执鹜，工商执鸡也。"

⑰【集解】马融曰："五器，上五玉。五玉礼终则还之，三帛已下不还也。"【正义】卒音子律反。复音伏。

⑱【正义】祢音乃礼反。何休云："生曰父，死曰考，庙曰祢。"

⑲【集解】郑玄曰："巡狩之年，诸侯见于方岳之下。其间四年，四方诸侯分来朝于京师也。"

⑳【正义】徧音遍。言遍告天子治理之言也。

㉑【正义】孔安国云："功成则锡车服，以表显其能用也。"

㉒【集解】马融曰："禹平水土，置九州。舜以冀州之北广大，分置并州。燕、齐辽远，分燕置幽州，分齐为营州。于是为十二州也。"郑玄曰："更为之定界，浚水害也。"

㉓【集解】马融曰："言咎繇制五常之刑，无犯之者，但有其象，无其人也。"【正义】孔安国云："象，法也。法用常刑，用不越法也。"

㉔【集解】马融曰："流，放；宥，宽也。一曰幼少，二曰老耄，三曰蠢愚。五刑，墨、劓、剕、宫、大辟。"【正义】孔安国云："以流放之法宽五刑也。"郑玄云："三宥，一曰弗识，二曰过失，三曰遗忘也。"

㉕【集解】马融曰："为辨治官事者为刑。"

㉖【集解】郑玄曰："扑，槚楚也。扑为教官为刑者。"

㉗【集解】马融曰："金，黄金也。意善功恶，使出金赎罪，坐不戒慎者。"

㉘【集解】郑玄曰："眚灾，为人作患害者也。过失，虽有害则赦之。"

㉙【集解】徐广曰："一作'众'。"

㉚【集解】郑玄曰："怙其奸邪，终身以为残贼，则用刑之。"

㉛【集解】徐广曰："今文云'惟刑之谧哉'。《尔雅》曰'谧，静也'。"【索隐】注"惟形之谧哉"，案：古文作"恤

081

哉",且今文是伏生口诵，恤谥声近，遂作"谥"也。

讙兜进言共工，^①尧曰不可而试之工师，^②共工果淫辟。^③四岳举鲧治鸿水，尧以为不可，岳强请试之，试之而无功，故百姓不便。三苗^④在江淮、荆州^⑤数为乱。于是舜归而言于帝，请流共工于幽陵，^⑥以变北狄；^⑦放讙兜于崇山，^⑧以变南蛮；迁三苗于三危，^⑨以变西戎；殛鲧于羽山^⑩以变东夷：四罪而天下咸服。

①【正义】讙兜，浑沌也。共工，穷奇也。鲧，梼杌也。三苗，饕餮也。《左传》云"舜臣尧，流四凶，投诸四裔，以御魑魅"也。

②【正义】工师，若今大匠卿也。

③【正义】匹亦反。

④【集解】马融曰："国名也。"【正义】《左传》云自古诸侯不用王命，虞有三苗，夏有观扈。孔安国云："缙云氏之后为诸侯，号饕餮也。"吴起云："三苗之国，左洞庭而右彭蠡。"案：洞庭，湖名，在岳州巴陵西南一里，南与青草湖连。彭蠡，湖名，在江州浔阳县东南五十二里。以天子在北，故洞庭在西为左，彭蠡在东为右。今江州、鄂州、岳州，三苗之地也。

⑤【正义】淮，读曰汇，音胡罪反，今彭蠡湖也。本属荆州。《尚书》云"南入于江，东汇泽为彭蠡"是也。

⑥【集解】马融曰："北裔也。"【正义】《尚书》及《大戴礼》皆作"幽州"。《括地志》云："故龚城在檀州燕乐县界。故老传云舜流共工幽州，居此城。"《神异经》云：

"西北荒有人焉，人面，朱髮，蛇身，人手足，而食五谷禽兽，顽愚，名曰共工。"

⑦【集解】徐广曰："变，一作'燮'。"【索隐】变谓变其形及衣服，同于夷狄也。徐广云作"燮"。燮，和也。【正义】言四凶流四裔，各于四夷放共工等为中国之风俗也。

⑧【集解】马融曰："南裔也。"【正义】《神异经》云："南方荒中有人焉，人面鸟喙而有翼，两手足扶翼而行，食海中鱼，为人很恶，不畏风雨禽兽，犯死乃休，名曰驩兜也。"

⑨【集解】马融曰："西裔也。"【正义】《括地志》云："三危山有三峰，故曰三危，俗亦名卑羽山，在沙州敦煌县东南三十里。"《神异经》云："西荒中有人焉，面目手足皆人形，而胳下有翼不能飞，为人饕餮，淫逸无理，名曰苗民。"又《山海经》云《大荒北经》"黑水之北，有人有翼，名曰苗民"也。

⑩【集解】马融曰："殛，诛也。羽山，东裔也。"【正义】殛音纪力反。孔安国云："殛，窜，放，流，皆诛也。"《括地志》云："羽山在沂州临沂县界。"《神异经》云："东方有人焉，人形而身多毛，自解水土，知通塞，为人自用，欲为欲息，皆（曰）云是鲧也。"

尧立七十年得舜，二十年而老，令舜摄行天子之政，荐之于天。尧辟位凡二十八年而崩。①百姓悲哀，如丧父母。三年，四方莫举乐，②以思尧。尧知子丹朱之不肖，③不足授天下，于是乃权授舜。④授舜，则天下得其利而丹朱病；授丹朱，则天下病而丹朱得其利。尧曰"终不以天下之病而利一人"，而卒授舜以天下。尧崩，三年之丧毕，舜让辟丹朱于南河之南。⑤诸侯朝觐者不之丹朱而之舜，狱讼者不之丹朱而之舜，讴歌者不讴歌丹朱而讴歌舜。舜曰"天也"，夫而后之中国践天子位焉，⑥是为帝舜。

①【集解】徐广曰："尧在位凡九十八年。"骃案：《皇览》曰"尧冢在济阴城阳。刘向曰'尧葬济阴，丘垄皆小'。《吕氏春秋》曰'尧葬穀林'。"皇甫谧曰"穀林即城阳。尧都平阳，于《诗》为唐国"。【正义】皇甫谧云："尧即位九十八年，通舜摄二十八年也，凡年百一十七岁。"孔安国云："尧寿百一十六岁。"《括地志》云："尧陵在濮州雷泽县西三里。郭缘生《述征记》云'城阳县东有尧冢，亦曰尧陵，有碑'是也。"《括地志》云："雷泽县本汉城阳县也。"

②【正义】《尚书》"三载，四海遏密八音"是也。

③【索隐】郑玄云："肖，似也。不似，言不如父也。"皇甫谧云："尧娶散宜氏之女，曰女皇，生丹朱。又有庶子九人，皆不肖也。"

④【索隐】父子继立，常道也。求贤而禅，权道也。权者，反常而合道。【正义】五帝官天下，老则禅贤，故权试舜也。

⑤【集解】刘熙曰："南河，九河之最在南者。"【正义】《括地志》云："故尧城在濮州鄄城县东北十五里。《竹书》云昔尧德衰，为舜所囚也。又有偃朱故城，在县西北十五里。《竹书》云舜囚尧，复偃塞丹朱，使

084

不与父相见也。"案：濮州北临濮，大川也。河在尧都之南，故曰南河，《禹贡》"至于南河"是也。其偃朱城所居，即"舜让避丹朱于南河之南"处也。

⑥【集解】刘熙曰："天子之位不可旷年，于是遂反，格于文祖而当帝位。帝王所都为中，故曰中国。"

虞舜者，①名曰重华。②重华父曰瞽叟，③瞽叟父曰桥牛，④桥牛父曰句望，⑤句望父曰敬康，敬康父曰穷蝉，穷蝉父曰帝颛顼，颛顼父曰昌意：以至舜七世矣。自从穷蝉以至帝舜，皆微为庶人。

①【集解】《谥法》曰："仁圣盛明曰舜。"【索隐】虞，国名，在河东大阳县。舜，谥也。皇甫谧云"舜字都君"也。【正义】《括地志》云："故虞城在陕州河北县东北五十里虞山之上。郦元注《水经》云干桥东北有虞城，尧以女嫔于虞之地也。又宋州虞城大襄国所封之邑，杜预云舜后诸侯也。又越州余姚县，顾野王云舜后支庶所封之地。舜姚姓，故云余姚。县西七十里有汉上虞故县。《会稽旧记》云舜上虞人，去虞三十里有姚丘，即舜所生也。周处《风土记》云舜东夷之人，生姚丘。"《括地志》又云："姚墟在濮州雷泽县东十三里。《孝经援神契》云舜生于姚墟。"案：二所未详也。
②【集解】徐广曰："皇甫谧云'舜以尧之二十一年甲子生，三十一年甲午征用，七十九年壬午即真，百岁癸卯崩'。"【正义】《尚书》云："重华协于帝。"孔安国云："华谓文德也，言其光文重合于尧。"瞽叟姓妫。妻曰握登，

见大虹意感而生舜于姚墟，故姓姚。目重瞳子，故曰重华。字都君。龙颜，大口，黑色，身长六尺一寸。

③【正义】先后反。孔安国云："无目曰瞽。舜父有目不能分别好恶，故时人谓之瞽，配字曰'叟'。叟，无目之称也。"

④【正义】桥又音娇。

⑤【正义】句，古侯反。望音亡。

舜父瞽叟盲，而舜母①死，瞽叟更娶妻而生象，象傲。瞽叟爱后妻子，常欲杀舜，舜避逃；及有小过，则受罪。顺事父及后母与弟，日以笃谨，匪有解。

①【索隐】皇甫谧云："舜母名握登，生舜于姚墟，因姓姚氏也。"

舜，冀州之人也。①舜耕历山，②渔雷泽，③陶河滨，④作什器于寿丘，⑤就时于负夏。⑥舜父瞽叟顽，母嚚，弟象傲，皆欲杀舜。舜顺适不失子道，兄弟孝慈。欲杀，不可得；即求，尝在侧。

①【正义】蒲州河东县本属冀州。《宋永初山川记》云："蒲坂城中有舜庙，城外有舜宅及二妃坛。"《括地志》云："妫州有妫水，源出城中。《耆旧传》云即舜厘降二女于妫汭之所。外城中有舜井，城北有历山，山上有舜庙，未详。"案：妫州亦冀州城是也。

②【集解】郑玄曰:"在河东。"【正义】《括地志》云:"蒲州河东县雷首山,一名中条山,亦名历山,亦名首阳山,亦名蒲山,亦名襄山,亦名甘枣山,亦名猪山,亦名狗头山,亦名薄山,亦名吴山。此山西起雷首山,东至吴坂,凡十一名,随州县分之。历山南有舜井。"又云:"越州余姚县有历山舜井,濮州雷泽县有历山舜井,二所又有姚墟,云生舜处也。及妫州历山舜井,皆云舜所耕处,未详也。"

③【集解】郑玄曰:"雷夏,兖州泽,今属济阴。"【正义】《括地志》云:"雷夏泽在濮州雷泽县郭外西北。《山海经》云雷泽有雷神,龙身人头,鼓其腹则雷也。"

④【集解】皇甫谧曰:"济阴定陶西南陶丘亭是也。"【正义】案:于曹州滨河作瓦器也。《括地志》云:"陶城在蒲州河东县北三十里,即舜所都也。南去历山不远。或耕或陶,所在则可,何必定陶方得为陶也?舜之陶也,斯或一焉。"

⑤【集解】皇甫谧曰:"在鲁东门之北。"【索隐】什器,什,数也。盖人家常用之器非一,故以十为数,犹今云"什物"也。寿丘,地名,黄帝生处。【正义】寿音受。颜师古云:"军法,伍人为伍,二伍为什,则共器物,故谓生生之具为什器,亦犹从军及作役者十人为火,共畜调度也。"

⑥【集解】郑玄曰:"负夏,卫地。"【索隐】就时犹逐时,若言乘时射利也。《尚书大传》曰"贩于顿丘,就时负夏",孟子曰"迁于负夏"是也。

舜年二十以孝闻。三十而帝尧问可用者，①四岳咸荐虞舜，曰可。于是尧乃以二女妻舜以观其内，使九男与处以观其外。舜居妫汭，内行弥谨。尧二女不敢以贵骄事舜亲戚，②甚有妇道。尧九男皆益笃。③舜耕历山，历山之人皆让畔；④渔雷泽，雷泽上人皆让居；陶河滨，河滨器皆不苦窳。⑤一年而所居成聚，⑥二年成邑，三年成都。⑦尧乃赐舜絺衣，⑧与琴，为筑仓廪，予牛羊。瞽叟尚复欲杀之，使舜上涂廪，瞽叟从下纵火焚廪。舜乃以两笠自扞而下，去，得不死。⑨后瞽叟又使舜穿井，舜穿井为匿空⑩旁出。⑪舜既入深，瞽叟与象共下土实井，⑫舜从匿空出，去。⑬瞽叟、象喜，以舜为已死。象曰："本谋者象。"象与其父母分，⑭于是曰："舜妻尧二女，与琴，象取之。牛羊仓廪予父母。"象乃止舜宫居，⑮鼓其琴。舜往见之。象鄂不怿，曰："我思舜正郁陶！"舜曰："然，尔其庶矣！"⑯舜复事瞽叟爱弟弥谨。于是尧乃试舜五典百官，皆治。

①【正义】可用，谓可为天子也。

②【正义】二女不敢以帝女骄慢舜之亲戚。亲戚，谓父瞽叟，后母弟象，妹颗手等也。颗音苦果反。

③【正义】笃，惇也。非唯二女恭勤妇道，九男事舜皆益惇厚谨敬也。

④【正义】《韩非子》"历山之农相侵略，舜往耕，期年，耕者让畔"也。

⑤【集解】《史记音隐》曰："音游甫反。"窳谓瘜，病也。【正义】苦，读如盬，音古。盬，粗也。瘜音庾。

⑥【正义】聚，在喻反，谓村落也。

⑦【正义】《周礼》郊野法云"九夫为井，四井为邑，四邑为丘，四丘为甸，四甸为县，四县为都"也。

⑧【正义】絺，敕迟反，细葛布衣也。邹氏音竹几反。

⑨【索隐】言以笠自扦己身，有似鸟张翅而轻下，得不损伤。皇甫谧云"两伞"，伞，笠类。《列女传》云"二女教舜鸟工上廪"是也。【正义】《通史》云："瞽叟使舜涤廪，舜告尧二女，女曰：'时其焚汝，鹊汝衣裳，鸟工往。'舜既登廪，得免去也。"

⑩【索隐】音孔。《列女传》所谓"龙工入井"是也。

⑪【正义】言舜潜匿穿孔旁，从他井而出也。《通史》云："舜穿井，又告二女。二女曰：'去汝裳衣，龙工往。'入井，瞽叟与象下土实井，舜从他井出去也。"《括地志》云："舜井在妫州怀戎县西外城中。其西又有一井，《耆旧传》云并舜井也，舜自中出。《帝王纪》云河东有舜井，未详也。"

⑫【索隐】亦作"填井"。

⑬【集解】刘熙曰："舜以权谋自免，亦大圣有神人之助也。"

⑭【正义】扶问反。

⑮【正义】宫即室也。《尔雅》云"室谓之宫"。《礼》云"命士已上，父子异宫"也。

⑯【索隐】言汝犹当庶几于友悌之情义也。如《孟子》取《尚书》文，又云"惟兹臣庶，女其于予治"，盖欲令象共我理臣庶也。

昔高阳氏有才子八人，^①世得其利，谓之"八恺"。^②高辛氏有才子八人，^③世谓之"八元"。^④此十六族者，世济其美，^⑤不陨其名。至于尧，尧未能举。舜举八恺，使主后土，^⑥以揆百事，莫不时序。^⑦举八元，使布五教于四方，^⑧父义，母慈，兄友，弟恭，子孝，内平外成。^⑨

①【集解】名见《左传》。

②【集解】贾逵曰："恺，和也。"【索隐】《左传》史克对鲁宣公曰："昔高阳氏有才子八人，仓舒、隤敳、梼戜、大临、龙降、庭坚、仲容、叔达。"

③【集解】名见《左传》。

④【集解】贾逵曰："元，善也。"【索隐】《左传》："高辛氏有才子八人，伯奋、仲堪、叔献、季仲、伯虎、仲熊、叔豹、季狸。"

⑤【索隐】谓元、恺各有亲族，故称族也。济，成也，言后代成前代也。

⑥【集解】王肃曰："君治九土之宜。"杜预曰："后土地官。"【索隐】主土。禹为司空，司空主土，则禹在八恺之中。【正义】《春秋正义》云："后，君也。天曰皇天，地曰后土。"

⑦【正义】言禹度九土之宜，无不以时得其次序也。

⑧【索隐】契为司徒，司徒敷五教，则契在八元之数。

⑨【正义】杜预云："内诸夏，外夷狄也。"案：契作五常之教，诸夏太平，夷狄向化也。

昔帝鸿氏有不才子，①掩义隐贼，好行凶慝，天下谓之浑沌。②少皞氏③有不才子，毁信恶忠，崇饰恶言，天下谓之穷奇。④颛顼氏有不才子，不可教训，不知话言，天下谓之梼杌。⑤此三族世忧之。至于尧，尧未能去。缙云氏⑥有不才子，贪于饮食，冒于货贿，天下谓之饕餮。⑦天下恶之，比之三凶。⑧舜宾于四门，⑨乃流四凶族，迁于四裔，⑩以御螭魅，⑪于是四门辟，言毋凶人也。

①【集解】贾逵曰："帝鸿，黄帝也。不才子，其苗裔讙兜也。"

②【正义】慝，恶也。一本云"天下之民，谓之浑沌"。浑沌即讙兜也。言掩义事，阴为贼害，而好凶恶，故谓之浑沌也。杜预云："浑沌，不开通之貌。"《神异经》云："昆仑西有兽焉，其状如犬，长毛，四足，似熊而无爪，有目而不见，行不开，有两耳而不闻，有人知性，有腹无五藏，有肠直而不旋，食径过。人有德行而往抵触之，有凶德则往依凭之。名浑沌。"又《庄子》云："南海之帝为儵，北海之帝为忽，中央之帝为浑沌。儵、忽乃相遇于浑沌之地，浑沌待之甚善。儵与忽谋欲报浑沌之德，曰：'人皆有七窍以视听食息，此独无有，尝试凿之。'日凿一窍，七日而浑沌死。"案：言讙兜性似，故号之也。

③【集解】服虔曰："金天氏帝号。"

④【集解】服虔曰："谓共工氏也。其行穷而好奇。"【正义】谓共工。言毁败信行，恶其忠直，有恶言语，高粉饰之，故谓之穷奇。案常行终必穷极，好诡诳奇异于

091

人也。《神异经》云："西北有兽，其状似虎，有翼能飞，便劗食人，知人言语，闻人斗辄食直者，闻人忠信辄食其鼻，闻人恶逆不善辄杀兽往馈之，名曰穷奇。"案：言共工性似，故号之也。

⑤【集解】贾逵曰："梼杌，顽凶无畴匹之貌，谓鲧也。"【正义】梼音道刀反。杌音五骨反。谓鲧也。凶顽不可教训，不从诏令，故谓之梼杌。案：言无畴匹，言自纵恣也。《神异经》云："西方荒中有兽焉，其状如虎而大，毛长二尺，人面，虎足，猪口牙，尾长一丈八尺，搅乱荒中，名梼杌。一名傲很，一名难训。"案：言鲧性似，故号之也。

⑥【集解】贾逵曰："缙云氏，姜姓也，炎帝之苗裔，当黄帝时任缙云之官也。"【正义】今括州缙云县，盖其所封也。字书云缙，赤缯也。

⑦【正义】谓三苗也。言贪饮食，冒货贿，故谓之饕餮。《神异经》云："西南有人焉，身多毛，头上戴豕，性很恶，好息，积财而不用，善夺人谷物。强者夺老弱者，畏群而击单，名饕餮。"言三苗性似，故号之。

⑧【集解】杜预曰："非帝子孙，故别之以比三凶也。"【正义】此以上四处皆《左传》文。或本有并文次相类四凶，故书之，恐本错脱耳。

⑨【正义】杜预云："辟四门，达四聪，以宾礼众贤也。"

⑩【集解】贾逵曰："四裔之地，去王城四千里。"

⑪【集解】服虔曰："螭魅，人面兽身，四足，好惑人，山林异气所生，以为人害。"【正义】御音鱼吕反。螭音

丑知反。魅音媚。案：御魑魅，恐更有邪谄之人，故流
放四凶以御之也。故下云"无凶人"也。

舜入于大麓，烈风雷雨不迷，尧乃知舜之足授天下。尧老，
使舜摄行天子政，巡狩。舜得举用事二十年，而尧使摄政。摄政
八年而尧崩。三年丧毕，让丹朱，天下归舜。而禹、皋陶、①契、
后稷、伯夷、夔、龙、倕、益、彭祖②自尧时而皆举用，未有分
职。③于是舜乃至于文祖，谋于四岳，辟四门，明通四方耳目，
命十二牧论帝德，行厚德，远佞人，④则蛮夷率服。舜谓四岳曰：
"有能奋庸⑤美尧之事者，使居官相事？"皆曰："伯禹为司空，可
美帝功。"舜曰："嗟，然！禹，汝平水土，维是勉哉。"禹拜稽首，
让于稷、契与皋陶。舜曰："然，往矣。"⑥舜曰："弃，黎民始
饥，⑦汝后稷播时百谷。"⑧舜曰："契，百姓不亲，五品不驯，⑨汝
为司徒，而敬敷五教，在宽。"⑩舜曰："皋陶，蛮夷猾夏，⑪寇贼
奸轨，⑫汝作士，⑬五刑有服，五服三就；⑭五流有度，⑮五度三
居：⑯维明能信。"⑰舜曰："谁能驯予工？"⑱皆曰垂可。于是以
垂为共工。⑲舜曰："谁能驯予上下⑳草木鸟兽？"皆曰益可。于
是以益为朕虞。㉑益拜稽首，让于诸臣朱虎、熊罴。㉒舜曰："往矣，
汝谐。"遂以朱虎、熊罴为佐。㉓舜曰："嗟！四岳，有能典朕三
礼？"㉔皆曰伯夷可。舜曰："嗟！伯夷，以汝为秩宗，㉕夙夜维敬，
直哉维静絜。"㉖伯夷让夔、龙。舜曰："然。㉗以夔为典乐，教稚
子，㉘直而温，㉙宽而栗，㉚刚而毋虐，简而毋傲；㉛诗言意，歌长
言，㉜声依永，律和声，㉝八音能谐，毋相夺伦，神人以和。"㉞夔
曰："於！予击石拊石，百兽率舞。"㉟舜曰："龙，朕畏忌谗说殄
伪，振惊朕众，㊱命汝为纳言，夙夜出入朕命，惟信。"㊲舜曰："嗟！

女二十有二人，^㊳敬哉，惟时相天事。"^㊴三岁一考功，三考绌陟，远近众功咸兴。分北三苗。^㊵

①【正义】高姚二音。

②【索隐】彭祖即陆终氏之第三子，籛铿之后，后为大彭，亦称彭祖。【正义】皋陶字庭坚。英、六二国是其后也。契音薛，殷之祖也。伯夷，齐太公之祖也。夔，巨龟反，乐官也。倕音垂，亦作"垂"，内言之官也。益，伯翳也，即秦、赵之祖。彭祖自尧时举用，历夏、殷封于大彭。

③【正义】分音符问反，又如字。分谓封疆爵土也。

④【正义】舜命十二牧论帝尧之德，又敦之于民，远离邪佞之人。言能如此，则夷狄亦服从也。

⑤【集解】马融曰："奋，明；庸，功也。"

⑥【集解】郑玄曰："然其举得其人。汝往居此官，不听其所让也。"

⑦【集解】徐广曰："《今文尚书》作'祖饥'。祖，始也。"【索隐】古文作"阻饥"。孔氏以为阻，难也。祖阻声相近，未知谁得。

⑧【集解】郑玄曰："时，读曰莳。"【正义】稷，农官也。播时谓顺四时而种百谷。

⑨【集解】郑玄曰："五品，父、母、兄、弟、子也。"王肃曰："五品，五常也。"【正义】驯音训。

⑩【集解】马融曰："五品之教。"

⑪【集解】郑玄曰："猾夏，侵乱中国也。"

⑫【集解】郑玄曰："由内为奸，起外为轨。"【正义】亦作"宄"。

⑬【集解】马融曰："狱官之长。"【正义】案：若大理卿也。

⑭【集解】马融曰："五刑，墨、劓、剕、宫、大辟。三就，谓大罪陈诸原野，次罪于市朝，同族适甸师氏。既服五刑，当就三处。"【正义】孔安国云："服，从也，言得轻重之中正也。"案：墨，点凿其额，涅以墨。劓，截鼻也。剕，刖足也。宫，淫刑也，男子割势，妇人幽闭也。大辟，死刑也。

⑮【正义】度音徒洛反。《尚书》作"宅"。孔安国云"五刑之流，各有所居"也。

⑯【正义】案：谓度其远近，为三等之居也。

⑰【集解】马融曰："谓在八议，君不忍刑，宥之以远。五等之差亦有三等之居：大罪投四裔，次九州之外，次中国之外。当明其罪，能使信服之。"

⑱【集解】马融曰："谓主百工之官也。"

⑲【集解】马融曰："为司空，共理百工之事。"

⑳【集解】马融曰："上谓原，下谓隰。"

㉑【集解】马融曰："虞，掌山泽之官名。"

㉒【索隐】即高辛氏之子伯虎、仲熊也。【正义】孔安国云："朱虎，熊罴，二臣名。垂、益所让四人，皆在元凯之中也。"

㉓【正义】为益之佐也。

㉔【集解】马融曰："三礼，天神、地祇、人鬼之礼

095

也。”郑玄曰：“天事、地事、人事之礼。”

㉕【集解】郑玄曰：“主次秩尊卑。”【正义】若太常也。《汉书·百官表》云“王莽改太常曰秩宗”，依古也。孔安国云：“秩，序；宗，尊也。主郊庙之官也。”

㉖【正义】静，清也。絜，明也。孔安国云：“职典礼，施政教，使正直而清明。”

㉗【正义】孔安国云：“然其推贤，不许其让也。”

㉘【集解】郑玄曰：“国子也。”案：《尚书》作“胄子”，稚胄声相近。【正义】稚，胄雉反。孔安国云：“胄，长也。谓元子以下，至卿大夫子弟，以歌诗蹈之舞之，教长国子中和祗庸孝友。”

㉙【集解】马融曰：“正直而色温和。”

㉚【集解】马融曰：“宽大而谨敬战栗也。”

㉛【正义】孔安国云：“刚失之虐，简失之傲，教之以防其失也。”

㉜【集解】马融曰：“歌，所以长言诗之意也。”【正义】孔安国云：“诗言志以导其心，歌咏其义以长其言也。”

㉝【集解】郑玄曰：“声之曲折又依长言，声中律乃为和也。”【正义】孔安国云：“声，五声，宫、商、角、徵、羽也。律谓六律六吕，十二月之音气也。当依声律和乐也。”

㉞【集解】郑玄曰：“祖考来格，群后德让，其一隅也。”【正义】八音，金、石、丝、竹、匏、土、革、木也。孔安国云：“伦，理也。八音能谐，理不错夺，则神人咸和，命夔使勉也。”

㉟【集解】郑玄曰:"百兽,服不氏所养者也。率舞,言音和也。"【正义】於音乌。孔安国云:"石,磬,音之清者。拊亦击也。举清者和,则其余皆从矣。乐感百兽,使相率而舞,则神人和可知也。"案:磬,一片黑石也。不音福尤反。《周礼》云"夏官有服不氏,掌服猛兽,下士一人,徒四人"。郑玄云"服不服之兽也"。

㊱【集解】徐广曰:"一云'齐说殄行,振惊众'。"骃案:郑玄曰"所谓色取仁而行违,是惊动我之众臣,使之疑惑"。【正义】伪音危睡反。言畏恶利口谗说之人,兼殄绝奸伪人党,恐其惊动我众,使龙遏绝之,出入其命惟信实也。此"伪"字太史公变《尚书》文也。《尚书》伪字作"行",音下孟反。言己畏忌有利口谗说之人,殄绝无德行之官也。

㊲【正义】孔安国云:"纳言,喉舌之官也。听下言纳于上,受上言宣于下,必信也。"

㊳【集解】马融曰:"稷、契、皋陶皆居官久,有成功,但述而美之,无所复勅。禹及垂已下皆初命,凡六人,与上十二牧四岳,凡二十二人。"郑玄曰:"皆格于文祖时所勅命也。"

㊴【正义】相,视也。舜命二十二人各敬行其职,惟在顺时,视天所宜而行事也。

㊵【集解】郑玄曰:"所审三苗为西裔诸侯者犹为恶,乃复分析流之。"

此二十二人咸成厥功：皋陶为大理，平，^①民各伏得其实；伯夷主礼，上下咸让；垂主工师，^②百工致功；益主虞，山泽辟；^③弃主稷，百谷时茂；契主司徒，百姓亲和；龙主宾客，远人至；十二牧行而九州莫敢辟违；^④唯禹之功为大，披九山，^⑤通九泽，决九河，定九州，各以其职来贡，不失厥宜。方五千里，至于荒服。南抚交阯、北发，^⑥西戎、析枝、渠廋、氐、羌，^⑦北山戎、发、息慎，^⑧东长、鸟夷，^⑨四海之内^⑩咸戴帝舜之功。于是禹乃兴《九招》之乐，^⑪致异物，凤皇来翔。天下明德皆自虞帝始。

① 【正义】皋陶作士，正平天下罪恶也。

② 【正义】工师，若今大匠卿也。

③ 【正义】婢亦反，开也。

④ 【正义】禹九州之民无敢辟违舜十二牧也。

⑤ 【正义】披音皮义反。谓傍其山边以通。

⑥ 【索隐】一句。

⑦ 【索隐】一句。

⑧ 【集解】郑玄曰："息慎，或谓之肃慎，东北夷。"

⑨ 【索隐】此言帝舜之德皆抚及四方夷人，故先以"抚"字总之。北发当云"北户"，南方有地名北户。又案《汉书》，北发是北方国名，今以北发为南方之国，误也。此文省略，四夷之名错乱。"西戎"上少一"西"字，"山戎"下少一"北"字，"长"字下少一"夷"字。长夷也，鸟夷也，其意宜然。今案：《大戴礼》亦云"长夷"，则长是夷号。又云"鲜支、渠搜"，则鲜支当此析枝也。鲜析音相近。邹氏、刘氏云"息并音肃"，非也。且夷狄之名，古书不必皆同，今读如字也。

【正义】注"鸟"或作"岛"。《括地志》云:"百济国西南海中有大岛十五所,皆置邑,有人居,属百济。又倭国西南大海中岛居凡百余小国,在京南万三千五百里。"案:武后改倭国为日本国。

⑩【正义】《尔雅》云:"九夷八狄七戎六蛮谓之四海。"

⑪【索隐】招音韶,即舜乐《箫韶》。九成,故曰《九招》。

舜年二十以孝闻,年三十尧举之,年五十摄行天子事,年五十八尧崩,年六十一代尧践帝位。①践帝位三十九年,南巡狩,崩于苍梧之野。葬于江南九疑,是为零陵。②舜之践帝位,载天子旗,往朝父瞽叟,夔夔唯谨,③如子道。封弟象为诸侯。④舜子商均亦不肖,⑤舜乃豫荐禹于天。⑥十七年而崩。三年丧毕,禹亦乃让舜子,⑦如舜让尧子。诸侯归之,然后禹践天子位。尧子丹朱,舜子商均,皆有疆土,⑧以奉先祀。服其服,礼乐如之。以客见天子,⑨天子弗臣,示不敢专也。

①【集解】皇甫谧曰:"舜所都,或言蒲阪,或言平阳,或言潘。潘,今上谷也。"【正义】《括地志》云:"平阳,今晋州城是也。潘,今妫州城是也。蒲阪,今蒲州南二里河东县界蒲阪故城是也。"

②【集解】《皇览》曰:"舜冢在零陵营浦县。其山九溪皆相似,故曰九疑。传曰'舜葬苍梧,象为之耕'。《礼记》曰'舜葬苍梧,二妃不从'。《山海经》曰'苍梧山,

帝舜葬于阳，丹朱葬于阴'。"皇甫谧曰："或曰二妃葬衡山。"

③【集解】徐广曰："和敬貌。"

④【集解】孟子曰："封之有庳。"音鼻。【正义】《帝王纪》云："舜弟象封于有鼻。"《括地志》云："鼻亭神在营道县北六十里。故老传云，舜葬九疑，象来至此，后人立祠，名为鼻亭神。《舆地志》云零陵郡应阳县东有山，山有象庙。王隐《晋书》云本泉陵县，北部东五里有鼻墟，象所封也。"

⑤【集解】皇甫谧曰："娥皇无子，女英生商均。"【正义】谯周云："以虞封舜子，今宋州虞城县。"《括地志》云："虞国，舜后所封邑也。或云封舜子均于商，故号商均也。"

⑥【索隐】谓告天使之摄位也。

⑦【正义】《括地志》云："禹居洛州阳城者，避商均，非时久居也。"

⑧【集解】谯周曰："以唐封尧之子，以虞封舜之子。"【索隐】《汉书·律历志》云封尧子朱于丹渊为诸侯。商均封虞，在梁国，今虞城县也。【正义】《括地志》云："定州唐县，尧后所封。宋州虞城县，舜后所封也。"

⑨【正义】为天子之宾客也。

自黄帝至舜、禹，皆同姓而异其国号，以章明德。①故黄帝为有熊，帝颛顼为高阳，帝喾为高辛，帝尧为陶唐，②帝舜为有虞。③帝禹为夏后而别氏，姓姒氏。契为商，姓子氏。④弃为周，姓姬氏。⑤

①【集解】徐广曰："《外传》曰'黄帝二十五子，其得姓者十四人'。虞翻云'以德为氏姓'。又虞说以凡有二十五人，其二人同姓姬，又十一人为十一姓，酉、祁、己、滕、葳、任、荀、釐、姞、儇、衣是也，余十二姓德薄不纪录。"【正义】釐音力其反。姞音其吉反。儇音在宣反。

②【集解】韦昭曰："陶唐皆国名，犹汤称殷商矣。"张晏曰："尧为唐侯，国于中山，唐县是也。"

③【集解】皇甫谧曰："舜嫔于虞，因以为氏，今河东大阳西山上虞城是也。"

④【索隐】《礼纬》曰："禹母脩己吞薏苡而生禹，因姓姒氏。"而契姓子氏者，亦以其母吞乙子而生。

⑤【集解】郑玄《驳许慎五经异义》曰："《春秋左传》'无骇卒，羽父请谥与族。公问族于众仲，众仲对曰："天子建德，因生以赐姓，胙之土而命之氏。诸侯以字为氏，因以为族。官有世功，则有官族，邑亦如之。"公命以字为展氏'。以此言之，天子赐姓命氏，诸侯命族。族者，氏之别名也。姓者，所以统系百世，使不别也。氏者，所以别子孙之所出。故《世本》之篇，言姓则在上，言氏则在下也。"

太史公曰：①学者多称五帝，尚矣。②然《尚书》独载尧以来；而百家言黄帝，其文不雅驯，③荐绅先生难言之。④孔子所传《宰予问五帝德》及《帝系姓》，⑤儒者或不传。⑥余尝西至空桐，⑦北过涿鹿，⑧东渐于海，南浮江淮矣，至长老皆各往往称黄帝、尧、舜之处，风教固殊焉，总之不离古文者近是。⑨予观《春秋》《国语》，其发明《五帝德》《帝系姓》章矣，⑩顾弟弗深考，⑪其所表见皆不虚。⑫书缺有间矣，⑬其轶乃时时见于他说。⑭非好学深思，心知其意，固难为浅见寡闻道也。余并论次，择其言尤雅者，故著为本纪书首。⑮

①【正义】太史公，司马迁自谓也。《自叙传》云"太史公曰先人有言"，又云"太史公曰余闻之董生"，又云"太史公遭李陵之祸"。明太史公，司马迁自号也。迁为太史公官，题赞首也。虞惠云："古者主天官者皆上公，非独迁。"

②【索隐】尚，上也，言久远也。然"尚矣"文出《大戴礼》。

③【正义】驯，训也。谓百家之言皆非典雅之训。

④【集解】徐广曰："荐绅即缙绅也，古字假借。"

⑤【正义】系音奚计反。

⑥【索隐】《五帝德》《帝系姓》皆《大戴礼》及《孔子家语》篇名。以二者皆非正经，故汉时儒者以为非圣人之言，故多不传学也。

⑦【正义】余，太史公自称也。尝，曾也。空桐山在原州平高县西百里，黄帝问道于广成子处。

⑧【正义】涿鹿山在妫州东南五十里，山侧有涿鹿城，即黄帝、尧、舜之都也。

⑨【索隐】古文即《帝德》《帝系》二书也。近是圣人之说。

⑩【索隐】太史公言己以《春秋》《国语》古书博加考验，益以发明《五帝德》等说甚章著也。

⑪【集解】徐广曰："弟，但也。《史记》《汉书》见此者非一。又左思《蜀都赋》曰'弟如滇池'，而不详者多以为字误。学者安可不博观乎？"【正义】顾，念也。弟，且也。太史公言博考古文，择其言表见之不虚，甚章著矣，思念亦且不须更深考论。

⑫【索隐】言《帝德》《帝系》所有表见者皆不为虚妄也。

⑬【正义】言《古文尚书》缺失其间多矣，而无说黄帝之语。

⑭【索隐】言古典残缺有年载，故曰"有间"。然帝皇遗事散轶，乃时时旁见于他记说，即《帝德》《帝系》等说也。故己今采案而备论黄帝已来事耳。

⑮【正义】太史公据古文并诸子百家论次，择其言语典雅者，故著为《五帝本纪》，在《史记》百三十篇书之首。

【索隐述赞】帝出少典，居于轩丘。既代炎历，遂禽蚩尤。高阳嗣位，静深有谋。小大远近，莫不怀柔。爰洎帝喾，列圣同休。帝挚之弟，其号放勋。就之如日，望之如云。郁夷东作，昧谷西曛。明扬仄陋，玄德升闻。能让天下，贤哉二君！

附　录

古史、考古学与炎黄二帝

从现代的古代史和考古学的角度，怎样去看待我国世代相传的炎黄二帝事迹，是一个长期没有得到解决的课题。众所周知，司马迁的《史记》始于《五帝本纪》，而《五帝本纪》开端就是黄帝的史事，也提到炎黄二帝的关系。这样重要的记载，我们是不能忽略过去、不予研究的，可是在几十年来疑古思潮盛行的时期，炎黄二帝的事迹几乎被全部否定了，被普遍认为是子虚乌有，屏之于历史研究的视野之外。因此，这里涉及炎黄二帝，也必须从疑古思潮的评价说起。

疑古思潮从起源上说，可追溯到 19 世纪末，也就是晚清的时候。当时的人们向西方寻求真理，对旧的传统观念，包括对中国上古历史的看法，产生了怀疑，开始采取批判的态度。实际上，这种疑古的思想不仅在中国出现，差不多在同样的时间，日本和欧洲也都有人对中国的古史表示怀疑。他们的见解，对中国学者也有或多或少的影响。到了辛亥革命以后，疑古思潮在中外都有进一步的发展，外国的例子，如日本的白鸟库吉有"尧舜禹抹杀论"，是很有名的。由中国当时的思想史来考察，疑古思潮肯定是有积极进步的意义的，因为这一思潮的兴起，有利于冲决封建思想的网罗，和后来"打倒孔家店"也有联系，是起了进步作用的，应给予充分的肯定。不过，我们今天加以回顾，也有必要指出，疑古思潮有其局限性和不足之处，就是说，对于古史，对于古代文化，在某些方面否定过度了，以致造成了古代历史文化的空白。在当时疑古思潮中，曾出现一种极端的说法，叫作"东周以上无史"论。过去说中国有五千年历史文化，一下子缩短了一半，东周以上部分统统成了空白。

不少学者曾提出克服疑古思潮不足的想法，有的认为应以释古代替疑古，提倡"信古—疑古—释古"的三阶段说，有的则主张应以考古取代疑古，从而重建古史。后来中国的古史是怎样得到重新认识的呢？我觉得主要依靠两点。一点是新的理论，尤其是马克思主义理论的传入。郭沫若先生1929年撰著，1930年出版的《中国古代社会研究》，就是以马克思主义理论研究和重新认识中国古史的嚆矢。郭老在这本书的序言中强调，要补充恩格斯《家庭、私有制和国家的起源》所没有讲到的中国古史。[①]另外一点是现代考古学，从20年代开始，现代考古学在中国建立，这在传世文献以外，为人们开辟了认识古代的新的途径。这两点结合起来，才使中国古史的研究有了今天的面貌。

近人对于古史传说特别作出系统研究，有突出贡献的，应推徐炳昶（旭生）先生。他在《中国古史的传说时代》书中指出："传说与神话是很相邻近却互有分别的两种事情，不能混为一谈"，传说总是掺杂神话，但"很古时代的传说总有它历史方面的质素、核心，并不是向壁虚造的"。[②]这个观点对于祛除疑古思潮的副作用非常有益。我认为中国古代的历史传说，特别是炎黄二帝的传说，不能单纯看成是神话故事。这些传说确乎带有神话色彩，但

①　郭沫若：《郭沫若全集·历史编1》，第9页，人民出版社，1982年。
②　徐旭生：《中国古史的传说时代》（增订本），第20-21页，文物出版社，1985年。

如果否认其中的历史"质素、核心"，就会抹煞中国人的一个文化上的特点，就是中国人自古以来有着重视历史的传统。有的外国学者说中国人是一个历史的民族，这话是有道理的。中国从记载虞夏商周史事的《尚书》一直到今天，历史记录从来没有间断。在这一点上，恐怕世界上很少有别的民族足以相比。中国历代都重视历史，也尊重史官。史官在王朝中有特殊的地位和作用，如《汉书·艺文志》所说："古之王者世有史官，君举必书，所以慎言行，昭法式也。"看《周礼》等古书记载可以知道，太史这个官职虽然级别不高，可是在一定意义上却能和六卿平等。[①] 中国这种重视历史的特点，其意义是不能低估的。重视历史的传统的形成，不是在几十年、几百年间所能做到，而是有着深远的根源。古代的历史传说，正是这种传统的一部分。

在历史研究所和考古研究所都做过领导工作的尹达先生，对古代历史传说的意义也给予很高的估价。他在逝世前最后一篇论文，即为《史前研究》杂志撰写的发刊词《衷心的愿望》里，指出应该揭示古史传说的历史背景和内涵，需要结合考古学做很好的研究。[②] 我觉得尹达先生这些话不是轻易讲的，而是他几十年间从事田野考古工作和古史研究积累的重要经验。当然，怎样把考古学的成果与古史传说结合起来，是很不容易的事。我个人认为，千万不可以简单地把某一考古文化同传说中的人物联系在一起，这样每每会造成误会甚至混乱。德国学者艾伯华说过："虽然考古学研究在中国已取得巨大进展，当以社会组织为研究主题的时候，考古学仍不是很好的研究方法。即使在欧洲，考古学研究

① 李学勤：《论卿事寮、太史寮》，《松辽学刊》1989 年第 3 期。
② 参见《尹达史学论著选集》，第 450 页，人民出版社，1989 年。

进行了一百多年，但在大多数情况下，仍然无法把考古学文化与文献记载的文化联系起来，发掘所得遗存的分布，显然与种族的分布不相一致，中国的情形也是这样。考古学家根据物质遗存复原了若干文化，以至试论这些文化的传播和迁移。不过迄今为止，任何把这种文化同文献记载的文化与种族结合的尝试，都仅仅是难于凭信的假说。"① 这番话是值得大家思考的。

这里我想趁机会向大家推荐一篇论文。这篇论文是中国社会科学院考古研究所邵望平写的，叫《〈禹贡〉"九州"的考古学研究》。② 论文的题目似乎有点奇怪，很多人认为《禹贡》是非常晚的作品，是战国甚至更迟时期才出现的，那么怎样对《禹贡》九州进行考古学研究？我想大家可能会有兴趣。我觉得这篇论文的贡献在于它用现代中国考古学的一种新的发展趋势，即文化区系的理论，去解释《禹贡》。换句话说，就是把中国史前文化分成若干个文化圈，以这些文化圈与《禹贡》讲的九州逐一对比。从对比的结果，可以看出《禹贡》九州绝不是想象杜撰，而是有着深刻的历史背景的。这篇文章至少在研究方法上，可以给人们不少启发，进一步如果把较早的青铜器文化的文化圈也结合考虑，对《禹贡》的价值或许还可以有更深的认识。

这样说来，我们对于炎黄二帝的传说也应该有新的理解。如不少学者在讨论炎黄文化时所说的，古史传说从伏羲、神农到黄帝，表现了中华文明萌芽发展和形成的过程。《史记》一书沿用《大戴礼记》所收《五帝德》的观点，以黄帝为《五帝本纪》之首，可以说是中华文明形成的一种标志。本纪所说黄帝，"迁徙

① ［德］艾伯华：《华南、华东的地区文化》（*Wolfram Eberhard, The Local Cultures of South and East China*），导言第 10 页，莱登，1968 年。

② 苏秉琦主编：《考古学文化论集（二）》，第 11-30 页，文物出版社，1989 年。

往来无常处，以师兵为营卫"，尚有部落时代的遗风，而设官置监，迎日推策，"顺天地之纪，幽明之占，死生之说，存亡之难，时播百谷草木，淳化鸟兽虫蛾（蚁），旁罗日月星辰水波土石金玉，劳勤心力耳目，节用水火材物"，又表现出早期文明的特点。因此，以炎黄二帝的传说作为中华文明的起源，并不是现代人创造的，乃是自古有之的说法。

《五帝本纪》受《五帝德》内容的限制，对于炎帝所论不多。《史记》三家注于此作了补充。《史记正义》佚文云："炎帝作耒耜以利百姓，教民种五谷，故号神农。黄帝制舆服宫室等，故号轩辕氏。少昊象日月之始，能师太昊之道，故号少昊氏。此谓象其德也。"[①] 可见炎帝与中华文明的起源也有密切的联系。炎帝、黄帝之间的关系，在古书中有几种不同的说法。一种流行的说法是讲黄帝和炎帝是兄弟两个，都是少典氏之子，如《国语》云："少典娶于有蟜氏，生黄帝、炎帝。"实际传说中的某人生某人，每每并非直接的亲子关系，这是研究中国古史传说的学者所熟知的。《史记索隐》对此有很好的考证，指出："少典者，诸侯国号，非人名也。……炎、黄二帝虽则相承，如《帝王代纪》，中间凡隔八帝，五百余年，若以少典是其父名，岂黄帝经五百余年而始代炎帝后为天子乎？何其年之长也？又案《秦本纪》云：'颛顼氏之裔孙曰女脩，吞玄鸟之卵而生大业，大业娶少典氏而生柏翳'，明少典是国号，非人名也。黄帝即少典氏后代之子孙……故《左传》'高阳氏有才子八人'，亦谓其后代子孙而称为子是也。"这里有两点需要注意：第一，少典不是个人，而是一个方国部族的称号，炎帝、黄帝都是由少典氏衍生分化出来；第二，炎帝、黄

---

① 张衍田：《史记正义佚文辑校》，第 3 页，北京大学出版社，1985 年。

帝相隔年代较长，而炎帝早于黄帝，据《帝王世纪》讲，其间共历八世。

还应该说明，炎帝与黄帝分别居处在不同的地区。黄帝的区域比较清楚，大家知道，传说他都于新郑。黄帝亦称有熊氏，新郑号称为有熊氏之墟，也就是黄帝居处的故址。这个地点刚好在中原的中央，所以黄帝可以代表中原地区是很清楚的。本纪说他"东至于海，登丸山，及岱宗；西至于空桐，登鸡头。南至于江，登熊、湘。北逐荤粥，合符釜山，而邑于涿鹿之阿"。其活动的范围即以中原为轴心。炎帝则不然，传说中他虽长于姜水，但是"本起烈山"[①]，都于陈。陈在淮阳，这乃是豫东南的地方。《山海经》说炎帝之后有祝融，祝融之后有共工，是南方的系统，所以我们看到，黄帝、炎帝代表了两个不同的地区，一个是中原的传统，一个是南方的传统。这种地区的观念对我们研究古史传说颇有意义，过去徐炳昶先生、蒙文通先生等都有类似的见解，在此毋庸赘述。

近些年，在史前一直到文明形成时期的考古学研究上，有一项重要的成果，就是纠正了过去以中原为中心的单元论观点。以中原为中心的单元论的形成有多种多样的原因，其中很重要的一点，是当时的考古工作大多局限在中原地区。后来考古事业发展扩大，也便自然而然地开拓了人们的眼界。现在看来，中华文明的起源不能是单元的，文明起源的各个因素不是在一个地区产生，而是在若干地区分别酝酿和出现的。至于文明在什么地方形成和突破，是另外的问题，至少从起源来说，必须看到若干地区的交互作用。这就是说，中华文明是我们辽阔幅员之上多民族共同创

---

① 　徐宗元：《帝王世纪辑存》，第 11 页，中华书局，1964 年。

造的辉煌成果。

　　长期以来，大家讲黄河是中华文明的摇篮，这句话今天仍然是正确的。特别是文明早期的几个朝代，确实都建都在黄河流域。可是谈到文明的起源，考虑到近年的考古成果，应该认为长江流域有着同样重要的作用。长江地区从考古文化来看，是相当进步的，绝对不是一个落后的地区。我想这一点凡是关心中国考古学发展的人都会有同样认识，所以有的学者提出中国也有一个"两河流域"，就是黄河与长江。黄河流域的文化和长江流域的文化有联系又有区别，互相影响、沟通和融会。这个观点恰好与炎黄二帝居处的两个地区一致，看来并不是偶然的。

　　在黄帝以后的古史传说中，依旧可以看到黄河、长江两个地区的关系。最近我在一篇小文里曾谈到有关问题。[①]据《国语》，黄帝之子有二十五人，其得姓者十四人，但只有十二姓，即姬、酉、祁、己、滕、葴、任、荀、僖、姞、儇、依。《大戴礼记·帝系》详细记载了黄帝二子的后裔谱系，参以《纪年》《山海经》《世本》《史记》等书，可以看到古代一些重要的王朝和方国都出于这二子，试列表如下（有省略）：

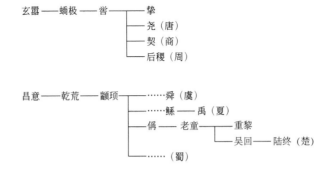

①　李学勤:《〈帝系〉传说与蜀文化》,《四川文物·三星堆古蜀文化研究专辑》,1992 年。

《帝系》说："青阳（玄嚣）降居泜水，昌意降居若水。""泜水"，《史记》作"江水"，是由于汉代字写草了，这个"泜"字和"江"字接近。泜水应即今河南沙河，源出鲁山西，流经叶县，入于汝河。昌意所居若水，则是今雅砻江，流经四川西部，入于金沙江。颛顼也生自若水，事见《吕氏春秋·古乐》。因此，黄帝这二子的居地也分为一北一南。玄嚣一系，如帝喾、唐尧、商、周，都在北方，昌意一系，却多在南方或与南方有关，例如虞舜"崩于苍梧之野，葬于江南九疑"，夏禹生于石纽，崩于会稽，楚、蜀更是南方的诸侯国。

我在上面提到的小文中说过："《帝系》这种三代统出一源的谱系，在近代备受学者的讥评，以为子虚杜撰。不过既然各种古书都记有基本相合的传说，意义是不容抹杀的。我觉得如果细心推求，其中不乏启示。"这也就是说，炎黄二帝以及其后裔的种种传说都不是虚无缥缈的东西。当然，我们也不认为可以确切地知道炎帝、黄帝是什么样子的人，我们不能那样去做研究。我只是说，中华文明的形成与炎黄二帝传说应当有密切的关系。

炎黄二帝事迹以及黄帝之后的传说谱系，还向人们说明了两个问题。由于篇幅限制，在这里只能简略地勾画一下。

第一，中华文明的起源要比很多论著设想的要早，甚至要早一个相当长的历史时期。前文曾经说过，因为有疑古思潮的影响，中国的历史一下子被缩短了差不多一半，似乎东周以上，至少西周晚期的"共和"以上，历史都成了渺茫的空白。后来由于甲骨文的发现、殷墟的发掘，商代晚期的存在是不容否认了，于是把古史的上限划到盘庚迁殷，也就是公元前 1300 年左右，不少外国的历史年表便是这样做的，在"殷"前面完全是空白，不管是传说的时代，还是考古学的文化，都没有列入。这与其他古国相比，就不公平了。现在看来，中华文明起源时间肯定要在商代以前，究竟能推到什么时候，要看今后考古工作同古史研究的进展。

第二，中华文明在相当早的时候，包括它刚在萌生的过程中，便有了颇为广泛的分布。在考古学上，不少学者都在使用"龙山时代"这个词，这意味着从北方到南方很广大的范围里，多种文化都有其共同点。这种情况，也可譬喻为形成了一个文化的"场"，其范围之大在古代世界是罕与伦比的。我觉得，这个文化的"场"正是后来夏、商、周三代时期统一国家的基础。炎黄二帝以及黄帝有二十五子、得十二姓的传说，与这一具有共同点的文化"场"是有联系的。结合古史传说来考察龙山时代各种文化，将对中国文明的起源和形成过程有进一步的阐发。特别要指出的是，从这里可以看到，民族的团结统一是我国传统文化的重要特点。虽然在漫长的历史上有过多次分裂，但最后终归于统一。这样的民族精神，在史前时期已经露其端倪了。

（原载《炎黄文化与民族精神》，中国人民大学出版社，1993年4月。今据《中国社会科学院学术委员文库·李学勤文集》收录，上海辞书出版社，2005年）

炎黄文化与中华民族

　　中国从来就是一个多民族的国家，文献记载和考古发现都告诉我们，在中华的辽阔疆土上，早在史前时代便有许许多多的民族部落生息居处，逐渐扩大融合，对国家和文明的形成作出了重要的贡献。进入文明时代以后，全国各个地区和民族更是经常交往通会，开创出既有大量共同因素，又有各自不同特点的文化。因此，我们考察历史时必须注意到，光辉灿烂的中国文化是各个民族共同缔造的。

　　传说中的炎帝、黄帝，是古代很多民族的共同祖先，也是种种文明事物的创造者。早在两三千年以前的周代，已经流传着以炎黄二帝为祖先的谱系。古书中有关记载，尽管有些分散零碎，在细节上有不少出入，但是基本的轮廓是一致的、比较清楚的，这是因为这种谱系并非凭空杜撰，而是从远古传流下来，得到当时人们公认的。

　　有些学者认为炎黄二帝的传说，特别是黄帝的事迹，是到战国时才兴起的，这个看法并不正确。在现存文献里面，关于炎帝、黄帝的最早记载是《逸周书》的《尝麦篇》。这一篇的文字有好多特点，肯定是西周时的文献，而且可以和《尚书》中的《吕刑》联系起来。篇中记有周王的一段话，详细讲述了赤（炎）帝、黄帝杀蚩尤的事情。至于记述春秋史事的《左传》《国语》，谈到炎帝、黄帝的地方就更多了。还有收在《大戴礼记》书里的《五帝德》《帝系》两篇，是孔子弟子所传，《史记·五帝本纪》正是根据它们编写的。

仔细研究这些史料，不难知道以下几点。

首先黄帝是先秦几个王朝的共同始祖，古书中常见"三代"，指夏、商、周，有时前面再加上虞（包括唐尧、虞舜）称作四代。虞、夏的祖先是黄帝之子昌意，商、周的祖先是黄帝之子玄嚣。这样的传说表明，以中原地区为中心的这几个王朝，虽然互相更代，仍有着血缘以及文化的联系。近年已有一些学者从考古学出发，对这种联系性进行很有意义的探讨。

黄帝据说有二十五子，其中十四子得姓（建立了部族），共有十二姓。《帝系》只提到玄嚣、昌意二子，是由于其后裔建立王朝的缘故。容易推想，整个二十五子的分布，要比虞、夏、商、周王朝本身广泛得多。过去有些学者在这方面做过一些探索，如清代秦嘉谟的《世本辑补》。看他们的研究，可以知道很多古代方国或民族都有是炎黄后裔的传说，有些是边远的民族。例如北狄传说是黄帝之孙始均的后裔，春秋时赤狄是姬姓，白狄是西姓，都在黄帝之后十二姓以内。

熏粥，传说是夏的后裔，当然也就是黄帝的后代，据云夏桀死后，其子熏粥以桀的众妾为妻，逃到北方游牧，后被称为匈奴，这可能反映了夏人北迁的情况。

犬戎，传说是黄帝所生苗龙的后代。

氐人，传说是炎帝之孙灵恝（音契）的后人。

蜀，也与黄帝有关，黄帝之子昌意娶蜀山氏女，生乾荒，乾荒生颛顼。后来颛顼的庶子封蜀，在夏、商、周三代做诸侯。

苗民，传说也为颛顼之后。

商代在后来的齐地有逢国，其君伯陵是炎帝之孙。

越，传说是夏王少康庶子所封。

这一类传说，近世史学家多弃置不顾，以为是晚起的附会之谈。其实，在古代讲一个方国或者民族的始祖，是一件重大得很的事，断断不能信口雌黄。上面引述的这些古书中的说法，有的可能反映历史的实际，有的可能代表民族的融合，无论如何，都表明了炎黄二帝受到广泛宗奉的史实。

炎黄二帝系统以外的传说人物，当时也有流传，他们有的和炎黄系统有血缘关系，例如通婚，如上面提到的蜀山氏之类，有的尚待考定，但他们都在古代历史观念中占有一席之地，就连传说被黄帝所杀的蚩尤，后来也由于善战为人尊奉。《鹖冠子·世兵》篇甚至以黄帝百战与蚩尤七十二战相提并论。

如果我们再从文化史的角度来考察，炎黄二帝的意义更为明显，古书有许多炎黄时期发明创造的记载，尤其是黄帝时期的创造，多出于诸臣，如《世本·作篇》讲的，包括天文、历法、律吕、算数、乐器、图书、冕服、杵臼、弓矢、驾车、舟船等，足见黄帝可称古代文明的象征。古代中国的各个民族，即使在血缘谱系上与炎黄传说无关，从文化来说，仍然在炎黄以来的大文化圈内，并且有所参与、有所贡献。炎黄二帝的传说，对于中华民族的凝聚，长期起着重要的促进作用，这样看来，今天世界上华人华裔自称炎黄子孙，是有道理的。我们说研究炎黄文化，就是要探讨和发扬整个中华民族的优秀文化。

（原载《炎黄春秋》总第 8 期，1992 年 9 月）

115

黄帝传说是历史的一部分

刚刚出版的《黄帝故里故都历代文献汇典》，以充分的史实说明，新郑是古书记载的有熊氏之墟、少典氏之国所在地。我们在谈到黄帝以及黄帝文化时，一直都认为黄帝是一个古史传说人物，这个说法应该说是非常准确的。我们通常认为古史传说人物与一般历史人物不一样，但问题是怎么认识这种差异？究竟应该怎样看待历史传说？传说和历史究竟是怎么一个规律？这几点无疑是我们在研究黄帝和黄帝文化时需要解决的很重要的、关键性的问题。在这些问题上，我有一个不成熟的想法，要向各位请教，也希望得到各位的指点。

为什么我要提出这个问题？因为有些人认为传说就是没有，包括一些外国学者也是这个看法。他们认为，中国人现在就是千方百计地想把古代的历史往前拉，想把中国古代历史拉得跟古代埃及一样长，这样就有利于民族主义、爱国主义的宣传。应该指出的是，我们对民族主义、爱国主义的理解，和外国学者的理解不一样。我们认为民族主义、爱国主义是一件很好的事，他们却认为这种主义很危险。所以，我们在这里讨论黄帝和黄帝文化，可能就会招致别人的看法，这是很容易理解的。究竟应该怎样看待这个问题？它本身的性质怎么样？我个人认为，这是一个重要的学术问题，也是一个政治问题。为什么？大家都知道，我国学者坚决反对以非学术的因素来干扰正常的学术研究，但是不是因为这样，我们就不能研究黄帝和黄帝文化这个课题呢？黄帝和黄帝文化传说的研究是不是完全虚无、一点都不可信呢？ 我个人认为完全不是这样。事实上，这个问题不仅是一个重大的学术问题，而且对 21 世纪的中国来说是一个现实问题，有着十分重大的现实意义。这是因为，黄帝和黄帝文化问题关系到中华民族的传统，包括海外华侨、华裔的民族向心力、凝聚力，还关系到整个中华民族的复兴。

　　黄帝作为古史传说人物、作为中华民族的象征，不是从今天开始的。我从小就读《史记》，从司马迁的自序来看，他写这本书，真是"读万卷书，行万里路"，遍访各地，发现各地都有关于黄帝的传说，而且他还读了当时很多的学术著作，如他读过的《谍记》中就是"黄帝以来，皆有年数"。司马迁生活在西汉时代，离我们两千年以上。这就说明，黄帝不仅仅存在于民间传说之中，而且很多学术性著作也有详细的记载，虽然这里面有出入、有矛盾，可以讨论，但不能因此而否定它的存在。黄帝传说本身是历史的存在，是历史的一部分，而且它本身就是历史。在这一点上，我觉得我们要有清醒的认识，不能人云亦云。不仅是司马迁的时代，我们现在能看到的古代的传世文献，比较完整的，像春秋时代的《左传》和《国语》，也提到"黄帝有子二十五人，得十四姓"。这说明从春秋时期起，黄帝已作为我们整个中华民族的共同祖先，这不是我们今天造出来的，它是历史的存在，早就有了。有人认为黄帝这个名字战国时代才有，这是不对的，因为《左传》《国语》中早就有之，今天已经没有人再说《左传》《国语》是伪造的了。我在这里提出一个供大家参考的看法，西周时的《逸周书》里有一篇《尝麦》，从文字特点来看，和西周的金文是完全一致的，它详细地记载了关于黄帝和炎帝的传说。

司马迁在作《史记》时，根据古代正式的文献，以高度的技巧和科学的精神写出了《五帝本纪》。有人说，既然司马迁那么认真地写历史，为什么《史记》里还有大量的神话传说？有一位学界前辈给了我们一个正确的答复，他就是王国维先生。1925 年，王先生在清华国学研究院成立以后，开了一门课，叫"古史新证"。这门课的讲义今天还保存着，由清华大学出版社出版了。《古史新证》一开头就讲，研究古史是一个最困难的问题。为什么是一个最困难的问题呢？因为古史，不单是中国的古史，包括世界各个古代文明的古史都是一样，它总是历史和神话结合在一起，因此这项研究是特别困难的。你要区别哪些是神话，哪些是史实，可是在所有的传说里面一定存有史实的素地。王国维先生说的史实的"素地"，其实就是我们今天说的背景，英语叫 background，那时翻译为"素地"。人类古史在开篇的部分，无论中外，都是一样，都有神话因素，但这些神话传说中一定有着历史的素地，这一点是没有疑问的。在这一点上，我们应该向前辈学者好好地学习。曾担任北平研究院院长的徐炳昶先生，新中国成立后一直在中国科学院（后来是中国社科院）工作，他在他的代表性著作《中国古史的传说时代》中，特别讲了这样一个观点：传说和神话是不一样的，并不是一个完全相同的东西，"传说与神话是很相邻近却互有分别的两种事情，不能混为一谈"；"很古时代的传说，一定含有历史方面的质素、核心。"

　　在这里，我还想讲一个故事，也算为几位前辈学者下一个注脚。这个故事涉及现代考古学的起源。大家知道，现代考古学最初是在欧洲兴起的，后来传入中国。在欧洲考古学上有一位先驱人物，叫亨利·施里曼，他从小就爱念当时人都认为完全是神话的《荷马史诗》。但事实上《奥德赛》等也有很多历史的成分，譬如大家都知道的特洛伊战争就不完全是神话，但当时没有人相信特洛伊战争这个传说。可是，施里曼从小就认为这里一定有真实的内容。长大之后，他经商成功，做了百万富翁之后，马上转入考古，用他自己的钱到特洛伊这个地方进行发掘，他在那里发掘的结果轰动了全世界。到今天为止，我们都认为这是现代考古学创立的一个重要的里程碑。

所以，我们可以认为，古史传说中肯定有着历史的素地，这个历史的素地，值得我们继续研究。我们认为，黄帝传说是非常重要的，和世界其他古代文明的起源一样，也有一个结合着神话因素的素地，它既有神话又有史实，不可一笔勾销。所以，我在这里想说：传说就是历史的一个组成部分，而且是历史不可或缺的部分。

2005 年 4 月 10 日于新郑

（原载《光明日报》2005 年 4 月 19 日，题为《黄帝传说一定有历史的"素地"》；后收入《通向文明之路》，商务印书馆，2010 年）

《夏本纪》讲稿 *

程　薇　整理

刘国忠　审校

---

* 本讲稿根据李学勤先生在 2012 年 7—8 月中国文化论坛"第六届通识教育核心课程讲习班"上的讲课录音整理而成。

第一讲

　　各位老师、各位同学，我们现在开始今天的讲座。根据要求，今天我所要讲的内容，是带大家读一下《史记》的《夏本纪》。我觉得特别荣幸的事情，是甘阳先生今天来到这里。这个课一开始，我本来就想引甘阳先生的一句话，甘先生一直主张我们在读经典时，一定要慢慢读。所以今天我带大家来实践一下慢慢读，因为《史记·夏本纪》是一部非常重要的经典。

　　我接到这个讲习班的邀请，来讲《史记》的《夏本纪》，我觉得是很特殊的一件事情。上次我讲《五帝本纪》时就说过，恐怕没有任何一个班，甚至大学里的课，会专门讲《五帝本纪》。我今天要在这里接着说，更没有人会专门讲读《夏本纪》。《五帝本纪》可能还会有一些人有兴趣，讲读《夏本纪》，这是一个很特殊的事情。因为如果我们出于读古文的目的，或者是学历史的需要来读《史记》，一般来说，会选读《项羽本纪》，这是最常读的，过去中学课文里都用过《项羽本纪》。所以今天来读《夏本纪》，这是一件非常特殊、非常奇怪的事情。可是仔细考虑之后，我觉得这还是很值得做的一个工作，因为《史记》的《夏本纪》是很特殊的，不管是它的取材，还是它本身的结构，以及这篇本纪在整个历史文化研究中所起的作用，都是很特殊的。它前不同于《五帝本纪》，后不同于《殷本纪》《周本纪》，以至于秦以后的本纪，和它都不一样。它是居于《五帝本纪》和《殷本纪》《周本纪》之间的特殊的一篇。

《夏本纪》之所以特别重要，首先是夏这个朝代本身所决定的。司马迁写130篇《史记》，最前面的部分就是本纪，而本纪实际上构成了整个《史记》的纲领，我们读《史记》，就要按照司马迁的思路，先读本纪的部分。如果我们把本纪从《五帝本纪》的炎黄时代读起，一直读到最后，那么就对《史记》所讲的历史差不多走一遍了，因此它是整个《史记》130篇的纲领。这是司马迁的设计，并不是我们的猜测。他在《太史公自序》里就很清楚地讲了：十二本纪"略推三代，录秦汉，上纪轩辕，下至于兹"。"略推三代"，是往前推，推到三代，三代就是夏商周。不但要推到三代，而且他要"上纪轩辕"，轩辕就是黄帝，所以他不仅仅有夏商周三代以至于更后的内容，而且还要上推到轩辕，到炎黄的时代。"下至于兹"，兹就是今，"下至于兹"就是"下至于今"，就是到司马迁他生活的那个时代。所以他是从轩辕的时期，写到夏商周三代，一直记录到他生活的汉武帝的时代，这是司马迁所作的十二本纪的内容。而在三代里面，最早的朝代就是夏。司马迁为什么要这么讲？这是因为司马迁把一直到他所生活时代为止的历史分成了几个段落。当然从我们今天来说，司马迁所记述的整个时代都是古代，就是说，包括他所生活的汉武帝时代，对于我们来说也是非常古的时代，但司马迁并不认为这些时代是完全一样的，是平稳发展的，而是认为可以分为几个段落：第一个段落上起轩辕，就是五帝的时代。五帝时代他不仅从黄帝开始，还讲到了之前的炎帝，从炎帝、黄帝，一直到帝尧、帝舜，这就是五帝的时代。五帝之后是三代；三代之后，一直到秦汉，"至于兹"，即到了汉代前期的时代。所以司马迁已经把这些时代分别开来，我们今天还是沿用这样的方法来划分中国古代的历史。现在我们研究古史，研究中国古代的历史文化，基本上是两个途径：一个是我们所说的历史学的途径，就是以文献为主的狭义的历史学的途径；另外一个就是考古学的途径。当然考古学在广义上来说也是历史学。可是不管采取怎样的途径，中国古代的历史划分都是这样的，是差不多的。当然中国的历史在五帝时代之前还可以有，但那就已经超出了文明时代的范畴。

所以讲《五帝本纪》时，我就特别强调，所谓五帝的本纪，它的最重要特点，就是它不但叙述那时候一些具体的历史，更主要的是它叙述了中国文明的形成和早期的发展。所以五帝时代是中国文明开始形成的时代，借用后来人们说炎黄时代的话叫作"人文初祖"。大家到陕西的黄陵县去看黄帝陵，它上面就写了"人文初祖"。"人文初祖"的意思就是文明的开始。所以司马迁为什么要从炎黄开始讲起，就因为这是文明的开始。他认为从文明开始的黄帝，一直到帝尧、帝舜，是一个大的时代——五帝时代，这也就是我们现在研究古史所说的传说时代。

不过传说时代不是从五帝开始的，五帝之前还有传说，司马迁不是认为所有的历史上推到黄帝时就为止了，这个问题我们讲《五帝本纪》时已经讲过了。司马迁的观点是人文形成的时代是从炎黄的时代开始。大家知道，炎黄的时代按照历代学者记述来说，差不多距今就是五千年。所以我们说中国有五千年的文明史，就是从司马迁这里来的。我们说我们是炎黄子孙，这句话和五千年的文明史是一回事，不是两回事。正因为我们是炎黄子孙，所以我们有五千年的文明史，或者倒过来说我们有五千年的文明史就是因为我们是炎黄子孙，这是一回事。所以五帝时代是传说的时代，是文明的开始。

可是夏商周三代就不同了，在司马迁的记述里，它和五帝的时代已经不一样了，不是简单的传说时代了。其中周代包括西周和东周，东周分为春秋战国，春秋战国以后，秦再次把中国统一起来，建立一个统一的王朝，这又是一个时代。所以，从五帝的时代，到三代的时代，然后到秦汉的时代，这个划分在司马迁的著作里头已经有了。这不是我们现代人来划分的，是在那个时代已经有了，我们只是从现在的认识来解释。而《夏本纪》这篇记述里面所讲的内容，是三代的开始，中国的古史从传说时代到了一个比传说时代更为着实的、更为有根据的、更有历史的时代，所以《夏本纪》确实是有其特殊意义的。当然《夏本纪》一开始时还会有一些传说色彩的东西，可是里面的内容已经进入了一个比较明确的、比较着实的历史时期。这是我们读《夏本纪》时一个应有的、必要的认识。

那么，司马迁怎样来写《夏本纪》？大家知道夏代的时间是非常古老的，20世纪末我们国家曾开展了夏商周断代工程，我想在座的各位应该都听说过。夏商周断代工程是我们国家运用一些自然科学技术和人文学科的方法互相结合所进行的工作，其目的是要推进对中国早期历史年代的研究。根据夏商周断代工程的估计，夏代的开始是在公元前2070年，就是公元前21世纪。这和中国历代有关夏的历史记述基本上是差不多的。它的下限是在公元前17世纪。所以夏朝是一个相当长的时代，有400多年的历史，按古书的说法有472年或者473年。这个问题后面还会有详细的讨论。

而司马迁是汉朝前期的人，距离夏代已经很久远了。司马迁是根据什么材料来写夏代的呢？上古的历史距离是那么远，司马迁又是怎么研究的？为解决这些问题，我们要一段一段地来读。

大家手里已经有《夏本纪》三家注的文本，我今天拿的是《史记会注考证》的本子。我建议我们再用几分钟的时间来读一下《史记·五帝本纪》最后"太史公曰"的那段话，这里面说明了太史公司马迁是怎么样研究和撰写这么古的时代的：

> 学者多称五帝，尚矣。然《尚书》独载尧以来；而百家言黄帝，其文不雅驯，荐绅先生难言之。孔子所传《宰予问五帝德》及《帝系姓》，儒者或不传。余尝西至空桐，北过涿鹿，东渐于海，南浮江淮矣，至长老皆各往往称黄帝、尧、舜之处，风教固殊焉，总之不离古文者近是。予观《春秋》《国语》，其发明《五帝德》《帝系姓》章矣，顾弟弗深考，其所表见皆不虚。书缺有间矣，其轶乃时时见于他说。非好学深思，心知其意，固难为浅见寡闻道也。余并论次，择其言尤雅者，故著为本纪书首。

"尚"等于"上"，是指古老的意思，这段话是说，学者们多在讲五帝，但五帝的事情太古了，离我们太远了。五帝有黄帝、颛顼、帝喾、帝尧、帝舜，这是一段很长的时间，这段时间按道理来说要从黄帝讲起，可是据说是由孔子所编的《尚书》并没有关于黄帝的一篇，而是从《尧典》开始，《尧典》记载的是尧舜的事情。为什么《尚书》从《尧典》开始？当然这里面有孔子的意图，汉代人有很多的解释，今天我们不来谈它了。可是，五帝的很多内容在《尧典》里是没有的，那么怎么研究这些问题呢？这就要参考其他书的来源了。下面司马迁说，"而百家言黄帝，其文不雅驯"，诸子百家中，很多人都讲黄帝以来的传说，可是不同的说法相互矛盾，有很多的问题，驳杂得很，所以说"其文不雅驯"。怎么办呢？这些说法是"荐绅先生难言之"，正宗的学者不愿意讲黄帝等的事情。这一点我可以告诉大家，从我们近些年发现的一些战国时代的材料来说，确实有许许多多讲黄帝的事情，真是"其文不雅驯"，里面有种种奇怪的说法，不管是传世的书籍内容，还是近年发现的新材料，都证明了这个问题。因此缙绅先生——也就是儒者——不愿意讲这些问题。怎么折中这些问题呢？司马迁说了，有两种材料，据说是孔子说的，是宰予问孔子的《五帝德》和《帝系姓》。这两种材料非常重要，我们讲《夏本纪》，也和这两种材料有关系。《五帝德》和《帝系姓》这两篇现在还存在，《帝系姓》现在也叫《帝系》，都保存在《大戴礼记》中，内容据说都是孔子和其弟子传流下来的，而且都是比较可信的。《大戴礼记》是戴德编的，当然这部书已经残缺，篇目不完整了，但这两篇还都存在。我们看这两篇的内容就知道，司马迁确实根据了这两篇文献。为什么会根据这两篇？因为司马迁认为这是孔子和其弟子传流下来的，而且内容都比较可信，但是当时的儒家都不怎么传流这些东西。司马迁说他自己："余尝西至空桐，北过涿鹿，东渐于海，南浮江淮矣，至长老皆往往称黄帝、尧、舜之处，风教固殊焉，总之不离古文者近是。"所以司马迁写《五帝本纪》，一个依据就是孔子及其弟子传流下来的《五帝德》和《帝系姓》这些著作；其次，司马迁自己又亲自去民间调查。他去的地方很广泛，他自己说"西至空桐"，到了甘肃那边；"北过涿鹿"，往北到了今天的河北北部；"东渐于海"，东到了大海；"南浮江淮"，南边过了江、淮。这些地方的老人往往都知晓涉及黄帝、帝尧、帝舜的传说故事，"风教固殊焉，总之不离古文者近是"。他到各个地方搜集民间的传说，常常都谈到了黄帝、尧、舜以来传说的历史，而这些传说与《五帝德》《帝系姓》等古代文献记录的内容基本上能够对应起来。这一点司马迁虽然只讲了《五帝本纪》，但实际上对于整个《史记》的修撰都有作用。因为《史记》的编撰不仅仅依靠了传世文献，而且依靠了民间的传说，这一点大家要特别注意到。当然，那个时期没有考古学，这个做不到，可是他依靠的这两方面，一直到今天，对于我们的研究还是适用的。而且他说："予观《春秋》《国语》，其发明《五帝德》《帝系姓》章矣，顾弟弗深考，其所表见皆不虚。"他说，我看《春秋》《国语》，都是把《五帝德》《帝系姓》的东西引申发挥了出来，它们是互相结合的。所以在文献方面，读《夏本纪》的时候，大家可以看到司马迁究竟是怎么做的。他不止是用了像《尚书》《诗经》这样的材料，而且上面几乎每一个提法、每一句话都有根据，大家读《夏本纪》的时候要特别注意。

现在来读《夏本纪》，需要知道是我们现代人来读，而不是古代人来读。古代人读《夏本纪》，可以说没有什么可怀疑的。自古以来，历代学者对于夏代的存在和《夏本纪》的基本内容从来没有完全怀疑过，一直到今天也基本如此。所以我们今天还要从当前的或者是现代的学术史背景上来体会读《夏本纪》的必要性。

这种情形和《五帝本纪》相类似。由于五帝特别是炎帝、黄帝传说中的神话因素很多，对于这些内容，自古以来人们都认为是传说。以传说来看传说，这本来是很自然的事情。可是对于夏代却不是这样，自古以来公认夏代是中国历史上一个重要的朝代，有四百多年的历史，而且整个过程非常清楚。大家把《夏本纪》读一遍就可以看到，从禹、启以后，一直到帝桀，14世，17个王，记载得蛮清楚的。这个记载是否可信，在历代的学者当中可以说几乎没有人怀疑，找不到有人怀疑这个问题。可是，到了晚清以来，换句话说就是从19世纪末期以后，就出现问题了，这就是所谓疑古学派的出现。大家知道，疑古学派从其本身来说，还不是从中国，而是从日本最早开始的。日本在晚清同期进行革新后，出现了一些留学欧洲或是效仿欧洲的学者，里面有一些人对于中国古代的历史就采取了怀疑的做法，这是可以理解的。从文化史角度来说，过去的日本学者都是在中国的文化和历史的影响之下来进行研究的，所以他们对于尧、舜、禹、汤是从来没有什么怀疑的，而且做了很多注解的工作。我们现在读日本人关于七经的研究，特别是对于《论语》、对于《左传》的研究，到今天为止还是很有用的。包括我手里拿的《史记会注考证》，也是日本几代学者做的工作，今天还是非常重要。最近还有人报了项目，来标点、校勘《史记会注考证》一书。这些都是很值得尊敬的工作。可是到了日本人接受西学这个背景之下，开始有人想脱离中国文化和历史的影响，重新来树立一种新的观点，在这种情形下出现了疑古思想，而这种疑古一开头就从尧、舜、禹开始。上次课我们讲过的日本学者白鸟库吉，提出了一个论点叫"尧舜禹抹杀论"，见于他的《支那古史研究》。尧、舜、禹是中国自古以来传统上的圣君明王，而且是儒家理想的时代，这一点对于日本的文化和政治都有明确的影响。白鸟库吉提出了尧、舜、禹不存在这个观点，他认为尧、舜、禹是中国人自古以来"三才论"的一种神化。"三才论"就是天、地、人。中国自古以来讲天、地、人，所以造出三个王来，就是尧、舜、禹。这三个王根本就不存在。当然，这在当时的日本也被认为是奇谈怪论，所以有些很著名的学者表示反对，比如林泰辅。林泰辅是当时日本研究中国古代史方面最有名的学者，这个人与罗振玉、王国维关系很好，他的论文集叫《支那上代的研究》。林泰辅是研究中国传统的经学大家，所以他起来反对白鸟库吉，他们进行了很长时间的论战。后来白鸟库吉成为日本现代研究中国的代表人物，政治色彩浓厚。白鸟库吉最早是在1909年提出了这一论点，中国则在新文化运动以后出现了疑古学风。不过，中国的疑古学风跟白鸟库吉没有关系，有人说是受了白鸟库吉的影响，我个人觉得这点没有根据，不相信这种说法，二者只是观点有些类似。大家知道，疑古派是由胡适先生，特别是他的学生顾颉刚先生来提出的。我一直认为，疑古学风是新文化运动的一个组成部分。不管是从当时的思想文化或各方面来看，这种学风所提出的一系列问题，应该说都是进步的。而它提出的一些问题，从现在来看，我们还可以进一步讨论。疑古学风开始提出是在1923年。1923年胡适先生给他的学生顾颉刚先生写了一封信，谈了古史问题，当时的报刊从此展开了非常热烈的讨论，这次讨论后来就叫"古史辨"，这是大家所知道的。而古史辨一开始争论的一个中心问题就是禹这个人是否存在，因为顾颉刚先生曾说"大禹是一条虫"，这并不是顾先生瞎说，因为禹这个字在《说文》里面训释就是"虫也"。当然，顾先生自己很快就放弃了这个说法。但关于夏代的问题仍有很多人进行讨论。陈梦家先生说夏代世系是商代世系改编的，这种说法的影响到现在还在，特别是在西方汉学家那里很有影响。如果我们调查一下可以知道，我们国内研究中国古代历史、文化的专业人员，恐怕几乎没有人否认夏朝的存在。可是你如果调查西方，会发现承认夏代的西方学者很少。为什么承认夏朝存在的西方学者非常之少？我们怎样看待夏代的问题？这也是我们读《夏本纪》时应该注意和讨论的。

我们还要从学术史角度考虑这个问题。在古史辨运动刚刚兴起的时候，有些人，也包括一些外国学者，最初不但不承认夏朝，也不承认商朝。可是有一件事情使商朝非被承认不可，这就是甲骨文的发现。甲骨文的发现是在1899年。它被鉴定和认识，是在1899年，这是不会错的。甲骨文的发现和鉴定，不仅是中国学术史上划时代的大事，在世界学术史上也必须占一席之地。而事实上也是如此，现在凡是写世界考古学的书，只要有全球眼光，就一定要提到甲骨文。

我顺便说一下，古代埃及文字的破译，根据的是一块石碑，叫罗塞塔石（Rosetta Stone）。当时拿破仑最大的对手是英国，他想切断英国和东方的联系，于是进军埃及。进军埃及时，他组织了一个埃及研究所，到埃及进行学术调查。这个学术调查报告到现在还是研究埃及学最经典的学术著作，叫《埃及图说》。在1799年的时候，法国人在尼罗河三角洲的罗塞塔小村子发现了一块小石碑，这块小石碑像桌子这么高，是一块黑色的石头，这是埃及年代很晚的一块石碑，已经到新王国时代的末期，是埃及被占领、被统治的时期了。碑的内容没有什么值得研究的，可是它有一个特点，就是有三种文字对照，是埃及的圣书体文字、世俗体文字和古希腊文字三种文字对照的，所以这就成了破解古埃及文字的钥匙。这在世界科学史上是一件极大的事情。后来，由于拿破仑的海军被英国击败，拿破仑被迫撤退，这块石碑没有能带回法国，而是被英国人截走了，所以现在它在大英博物院。

这是在 1799 年，而在 1899 年中国发现了甲骨文，之后十年左右的时间里，王国维、罗振玉等人进行了研究，揭示了甲骨文是商代的遗物，找到了殷墟，中国的古史和考古学到这里面目一新，进入了一个新的阶段。这是非常非常重要的。所以在甲骨文发现和殷墟发掘以后，商代的存在已经没有人能够怀疑了。

商朝的 31 个王已经都被证实，因为在甲骨文中都有记载。一个重要的结论是：《史记·殷本纪》中关于商朝诸王的世系基本上是真的，虽然有一两处可以修正，可是很少很少。我附带说一下，我这两年写了一篇小文，说明《殷本纪》的世系比那时候想的更接近于事实。

可是商朝以前的夏朝就不然，夏朝没有甲骨文来证实。可能很多人想拼命地试图在商朝的甲骨文里找到夏朝王的记载，这是徒劳无功的，可以说是在缘木求鱼。因为夏朝是被商朝人灭的，中国古代祭祀的一个基本标准，就是祭祀自己的祖先，而不能祭祀自己祖先的敌人，这是不可能的事。所以到今天为止我们对于夏代的研究，主要还是要根据文献上的这些材料，至于考古学的情况怎么样，我们下次课再讲。

这就出现了一个非常重要的问题，就是：怎么样来论证夏朝的存在？夏代有没有可能像甲骨文证明商代一样被证实？在世界的考古遗存上来说，这么古老的遗存，要想能够像商代被甲骨文证实那样，用当时的文字来证实，其可能性是非常非常小的。许许多多世界上重要的遗址，甚至于比这晚得多的遗址，都不能被证实。有一位名叫艾伯华（Wolfram Eberhard）的汉学家专门写过一本书，讲欧洲的考古学进行了将近二百年，可是想把欧洲的这些发现和欧洲古代文献记载的民族、人物直接相对应，这样成功的例子几乎是没有，几乎都做不到。所以我们也不能希望所有的发现都能与文献挂起钩来，很可能是做不到的。这个观点我在20世纪70年代末召开第一次夏文化会的时候间接提出来了，我们不能那样希望。可是，这不妨碍我们用文献学、考古学互相结合的方式来研究夏代，这个不能够说做不到。这个问题也是我们下一步读《夏本纪》时所要进一步讨论的。

下面我可以告诉大家，《夏本纪》应该怎么读，它的基本内容应该是什么。好在夏代的世系表很简单：

总而言之，夏代一共有 14 世，17 个王。前几年，上海博物馆发表了他们收藏的竹简《容成氏》，《容成氏》里也明确说夏朝有 17 个王。我们读《夏本纪》时，不能离开这个世系表。

我们可以把《夏本纪》分成两部分：禹及禹以前的是前一半，禹以后的是后一半。今天我带领大家简单地把前面的部分读一遍。不过我作一下说明，这前一半的大部分内容是属于《尚书·禹贡》的，《尚书·禹贡》我不建议大家专门从历史地理方面去讨论问题，《尚书·禹贡》很大一部分是讲地理的问题，山水的问题，我们会读、会讲的，可是不能细讲。如果细讲，得讲一个学期。

所以我们把有关的内容简单地读一下，不一定一个字一个字地读，但我会告诉大家内容。

> 夏禹，名曰文命。禹之父曰鲧，鲧之父曰帝颛顼，颛顼之父曰昌意，昌意之父曰黄帝。禹者，黄帝之玄孙而帝颛顼之孙也。禹之曾大父昌意及父鲧皆不得在帝位，为人臣。

大家看，从《夏本纪》的开始，即从"夏禹，名曰文命"一直到"为人臣"这几句话，都是从刚才讲过的《大戴礼记》的《帝系姓》篇来的，当然司马迁已经作了改编。司马迁的《史记》在引用古书时，常常不是像我们现在这样，要求每个字都跟原书一样。他会把一些不好懂的地方改为当时好懂的词。当然从我们今天来看也许还很晦涩，但在当时来说已经变得通俗多了。换句话说，就如同把一些文言文换成了当时的白话一样，采用的是语译的办法。所以我们不要一个字一个字地抠。它的内容是从《帝系姓》来的。

这段话讲的是禹的世系关系。有一点要特别给大家说明，我们对古史传说里面谁是谁的儿子、谁是谁的父亲，不能按后世的父子关系来理解。比方说，现代人很喜欢引《国语》中的一段话，说黄帝和炎帝是兄弟，他们都是少典氏之子，黄帝以姬水成，所以姓姬，炎帝以姜水成，所以姓姜。这么说起来黄帝和炎帝成了兄弟两个了，所以现在郑州那边修的像就成了兄弟两个。这是一种传说，情况不是这样的。因为炎帝的时代比黄帝要早得多，按后世的记载，炎帝一共传了8世。那这是怎么回事呢？古代说的谁是谁的"子"，只是后裔的意思，大家要特别注意这一点。否则大家把几个本纪中的人物排起来的话，就根本没法排了。可是这段里说夏禹的父亲叫鲧，鲧就是那位治洪水失败而被处死的人，这一点可能是真的。而鲧的父亲是不是就是颛顼，这可不一定，只是说他出于颛顼，而且颛顼也是黄帝之后。我可以告诉大家，这个传说也还是有一定的根据的。四川的成都是古代的蜀国，根据传说，古蜀国始于人皇氏，这是非常远古的一个民族，而蜀国的祖先与颛顼有关系。有人说这是瞎说，可是我们在考古学上就可以看到，蜀国出土的一些遗物，特别是陶器，就是和我们后来认为是夏文化的陶器有相当类似的地方，而其它地方的遗物没有这么明确类似的。所以我们可以看到，说他们是颛顼之后，也不是毫无道理的，而是反映了一定的历史事实。所以我们对这些传说的东西要活看。不管怎样，我们看这段文字时，知道它是古史传说的内容，就和尧舜的情况一样。

夏禹的名字叫文命，这是一种说法；他是鲧的后人，而他也是从黄帝、颛顼这一支来的。这是第一段讲的情况。

当帝尧之时，鸿水滔天，浩浩怀山襄陵，下民其忧。尧求能治水者，群臣四岳皆曰鲧可。尧曰："鲧为人负命毁族，不可。"四岳曰："等之未有贤于鲧者，愿帝试之。"于是尧听四岳，用鲧治水。九年而水不息，功用不成。于是帝尧乃求人，更得舜。舜登用，摄行天子之政，巡狩。行视鲧之治水无状，乃殛鲧于羽山以死。天下皆以舜之诛为是。于是舜举鲧子禹，而使续鲧之业。

尧崩，帝舜问四岳曰："有能成美尧之事者使居官？"

135

皆曰："伯禹为司空，可成美尧之功。"舜曰："嗟，然！"
命禹："女平水土，维是勉之。"禹拜稽首，让于契、后稷、
皋陶。舜曰："女其往视尔事矣。"

从"当帝尧之时，鸿水滔天"这一段，一直到后面的"禹乃
遂与益、后稷奉帝命，命诸侯百姓"等等，这一段的内容都是从
《尚书·尧典》中来的。所以大家可以看到，司马迁就是运用的
这些材料——先是用的《帝系》，然后用的是《尚书》的《尧典》。
《尧典》里面讲了洪水的故事，这一部分就是明确地讲了这个
内容。

从"当帝尧之时，鸿水滔天"到"女其往视尔事矣"这一部分，
都是把《尧典》的文字加以简单化而来的，讲的就是夏禹被派去
治水的故事。洪水的传说，在全世界都有，讲《五帝本纪》时我
提到过。我在 20 世纪 80 年代在英国时，曾看见当时新出版的一
本书，我当时曾经借到手，并把它读了一遍，后来就还了，由于
当时没做笔记，所以书名记不得了，很遗憾后来再也查不到。这
本书大约有 400 页，记录了世界上各国家和民族有关洪水的传说。
从书里可以知道，洪水的传说有各种各样，大家都知道的诺亚方
舟的故事，不也是洪水吗？很多古代的国家和民族都有洪水传说，
甚至于弗洛伊德的心理学理论认为，这一传说反映了人的诞生，
因为所有人都是从母亲的肚子里出来的，都有经历"洪水"的过
程，当然我不太相信他的说法。不过有一点我要提醒大家注意的，
中国的洪水传说和世界上差不多所有的洪水传说都不一样，因为
其他国家和民族的洪水传说基本上都是一个调子，就是神本来创
造了人类，或者人类本来就存在，而神对人类很不满意，所以发

了洪水把人类给诛灭了，可是还剩下了一些人，比如诺亚方舟的故事即是如此。类似故事的基本叙述都是如此，人类受到了惩罚而被消灭，然后神又降恩，使人类没有灭绝。唯独中国的洪水传说中，我们的祖先是与洪水斗争，然后治理了洪水，降服了洪水，这一点只有中国有，所以洪水传说还是很有意思的。近些年的考古发现一些痕迹，认为在大约相当于虞夏的时代很可能真有一场洪水。当然这一点目前在考古学界还没有一个结论，还存在很多争论和怀疑，可是有些人在这方面作了一些探索，或许当时真的有过洪水，当然洪水不会有那么大，把天下全淹了。相关情况还有待于今后考古发掘提供更多的证据。

这些都是传说，从这些内容和下文的一些记载来看，禹的事迹与五帝时代的尧舜一样，还有比较多的神话传说成分。

禹为人敏给克勤；其德不违，其仁可亲，其言可信；声为律，身为度，称以出；亹亹穆穆，为纲为纪。

从"禹为人敏给克勤"一直到"为纲为纪"，这一段是《五帝德》，司马迁把《帝系姓》《五帝德》和《尚书》连贯了起来。这一段讲的是禹本人的德行。

禹乃遂与益、后稷奉帝命，命诸侯百姓兴人徒以傅土，行山表木，定高山大川。禹伤先人父鲧功之不成受诛，乃劳身焦思，居外十三年，过家门不敢入。薄衣食，致孝于鬼神。卑宫室，致费于沟淢。陆行乘车，水行乘船，泥行乘橇，山行乘檋。左准绳，右规矩，载四时，以开

九州，通九道，陂九泽，度九山。令益予众庶稻，可种
卑湿。命后稷予众庶难得之食。食少，调有余相给，以
均诸侯。

"禹乃遂与益、后稷奉帝命"这一段话，根据的是《尚书》
的《皋陶谟》。这一部分把《尚书》与《五帝德》《帝系姓》组织
到一块了。我们要特别注意的是，这些地方讲到禹和益、后稷奉
帝命，"命诸侯百姓兴人徒以傅土，行山表木，定高山大川"。这
段话特别值得注意，因为这句话的有些内容在讲尧、舜、禹的一
些文献里反复出现，特别是在《尚书·禹贡》的开头也有类似的
话。在这里，司马迁是用他自己的理解，把这些话按当时的语言
通俗化了。"禹傅土"这三个字，见于《禹贡》，在《禹贡》的本
文上就有，"随山浚川"这四个字，见于《禹贡》的《尚书序》中。
大家知道，《尚书序》是古代的一个文献，这个文献现在还保存
在《尚书》里面。《尚书》有100篇的书序，当然保存到今天的
《尚书》已经没有100篇了，《今文尚书》只有28篇，可是"随
山浚川"见于《禹贡》的《尚书序》中。当然类似的话在其他文
献里还有，但是"禹傅土"和"随山浚川"这两句，一个见于《禹
贡》，一个见于《禹贡》的《尚书序》中。关于《尚书序》，很多
人认为是春秋战国时代作的，当然汉朝人认为是孔子作的，对不
对大家可以讨论。

什么叫"禹傅土"，"随山浚川"？《尚书》的注解里说法并
不一样。而司马迁的解释是，"禹傅土"就是"兴人徒以傅土"，
是治洪水的方法。大家知道，"兴人徒"的"兴"是"起"的意思，
"兴起"就是"征召"人民的意思。在战国晚期一直到秦汉，法

律里面有一部"兴律","兴律"就是征徭役的律。征召百姓去"傅土"。"傅"又作"敷",即分敷土地。给征召的劳动力分配土地以治水。什么叫"随山浚川"?按照《夏本纪》,就是"行山表木,定高山大川"。"表木"就是给树做上表记。

下面我给大家进一步解释一下。这个"傅土",跟划分九州有关系。因为《禹贡》从行政上把当时中国的土地划分为九州。"傅"有这个意思,这一点跟司马迁的解释可能还有所不同。"随山浚川"里的"浚川",就是修筑水利,司马迁的解释跟这非常接近。总之就是治水和分配土地的一些活动,基本意思就是如此。

之前提到过,2002年出土了一件西周中期的青铜器,名叫遂公盨。遂公是西周中期的一个诸侯,他命人做了一件盨。这个盨的铭文有好多内容,但一开头就说:"天命禹尃土,随山浚川。"可见至少在西周中期,这几句话已经存在,而且人人都懂。这个发现引起了大家的特别注意,据我所知,在美国还专门为这件青铜器开过讨论会。这件青铜器没有问题,现在保存在北京的保利艺术博物馆里,大家可以去看一下。所以大家可以看到,《禹贡》,甚至于《禹贡》的序,是有根据的。我们不能也不敢从这件铜器推断说西周中期就有《禹贡》,但是《禹贡》甚至于《禹贡》的序是有根据的。我第一次读出这几个字的时候,真是大吃一惊,完全不相信自己的眼睛——怎么会有这样的内容?所以这一段是司马迁把《尚书》里面的《禹贡》和其他有关文献综合起来讲的。

下面还有一个故事。禹是怎么治水的?司马迁是这么说的:"禹伤先人父鲧功之不成受诛,乃劳身焦思,居外十三年,过家门不敢入。薄衣食,致孝于鬼神。卑宫室,致费于沟淢。"这段话也有其特别的依据，是根据《孟子》，当然今本的《孟子》说法和他不太一样。《孟子》说禹在外八年，而《史记》说是十三年，稍有不同，可是基本内容是相同的。

后面还讲道："陆行乘车，水行乘船，泥行乘橇，山行乘樏。""樏"字读为 jú，按照古人的注解，认为是钉鞋之类，穿在脚上，下面有钉子，上山、下山比较方便。这个说法对不对，当然我们可以讨论。这一部分一直到后面的"调有余相给，以均诸侯"这一段，根据的是《皋陶谟》。

从"禹乃行相地宜所有以贡，及山川之便利"下面很长很长的几大段，一直到"以告成功于天下"，都是《尚书》的《禹贡》：

禹乃行相地宜所有以贡，及山川之便利。

禹行自冀州始。冀州：既载壶口，治梁及岐。既修太原，至于岳阳。覃怀致功，至于衡漳。其土白壤。赋上上错，田中中，常、卫既从，大陆既为。鸟夷皮服。夹右碣石，入于海。

济、河维沇州：九河既道，雷夏既泽，雍、沮会同，桑土既蚕，于是民得下丘居土。其土黑坟，草繇木条。田中下，赋贞，作十有三年乃同。其贡漆丝，其篚织文。浮于济、漯，通于河。

海岱维青州：堣夷既略，潍、淄其道。其土白坟，海滨广潟，厥田斥卤。田上下，赋中上。厥贡盐絺，海物维错，岱畎丝、枲、铅、松、怪石，莱夷为牧，其篚檿丝。浮于汶，通于济。

海岱及淮维徐州：淮、沂其治，蒙、羽其艺。大野既都，东原底平。其土赤埴坟，草木渐包。其田上中，赋中中。贡维土五色，羽畎夏狄，峄阳孤桐，泗滨浮磬，淮夷蠙珠臮鱼，其篚玄纤缟。浮于淮、泗，通于河。

淮海维扬州：彭蠡既都，阳鸟所居。三江既入，震泽致定。竹箭既布。其草惟夭，其木惟乔，其土涂泥。田下下，赋下上上杂。贡金三品，瑶、琨、竹箭，齿、革、羽、旄，岛夷卉服，其篚织贝，其包橘、柚锡贡。均江海，通淮、泗。

荆及衡阳维荆州：江、汉朝宗于海。九江甚中，沱、涔已道，云土、梦为治。其土涂泥。田下中，赋上下。贡羽、旄、齿、革，金三品，杶、榦、栝、柏，砺、砥、砮、丹，维箘簬、楛，三国致贡其名，包匦菁茅，其篚玄纁玑组，九江入赐大龟。浮于江、沱、涔、（于）汉，逾于雒，至于南河。

荆河惟豫州：伊、雒、瀍、涧既入于河，荥播既都，道荷泽，被明都。其土壤，下土坟垆。田中上，赋杂上中。贡漆、丝、絺、纻，其篚纤絮，锡贡磬错。浮于雒，达于河。

华阳黑水惟梁州：汶、嶓既艺，沱、涔既道，蔡、蒙旅平，和夷底绩。其土青骊。田下上，赋下中三错。贡璆、铁、银、镂、砮、磬，熊、罴、狐、狸、织皮。西倾因桓是来，浮于潜，逾于沔，入于渭，乱于河。

黑水西河惟雍州：弱水既西，泾属渭汭。漆、沮既从，沣水所同。荆、岐已旅，终南、敦物至于鸟鼠。原隰底

141

绩，至于都野。三危既度，三苗大序。其土黄壤。田上上，赋中下。贡璆、琳、琅玕。浮于积石，至于龙门西河，会于渭汭。织皮昆仑、析支、渠搜，西戎即序。

道九山：汧及岐至于荆山，逾于河；壶口、雷首至于太岳；砥柱、析城至于王屋；太行、常山至于碣石，入于海；西倾、朱圉、鸟鼠至于太华；熊耳、外方、桐柏至于负尾；道嶓冢，至于荆山；内方至于大别；汶山之阳至衡山，过九江，至于敷浅原。

道九川：弱水至于合黎，余波入于流沙。道黑水，至于三危，入于南海。道河积石，至于龙门，南至华阴，东至砥柱，又东至于盟津，东过洛汭，至于大邳，北过降水，至于大陆，北播为九河，同为逆河，入于海。嶓冢道漾，东流为汉，又东为苍浪之水，过三澨，入于大别，南入于江，东汇泽为彭蠡，东为北江，入于海。汶山道江，东别为沱，又东至于醴，过九江，至于东陵，东迤北会于汇，东为中江，入于海。道沇水，东为济，入于河，溢为荥，东出陶丘北，又东至于荷，又东北会于汶，又东北入于海。道淮自桐柏，东会于泗、沂，东入于海。道渭自鸟鼠同穴，东会于沣，又东北至于泾，东过漆、沮，入于河。道洛自熊耳，东北会于涧、瀍，又东会于伊，东北入于河。

于是九州攸同，四奥既居，九山刊旅，九川涤原，九泽既陂，四海会同。六府甚修，众土交正，致慎财赋，咸则三壤成赋。中国赐土姓："祗台德先，不距朕行。"

令天子之国以外五百里甸服：百里赋纳总，二百里纳

142

铚，三百里纳秸服，四百里粟，五百里米。甸服外五百
里侯服：百里采，二百里任国，三百里诸侯。侯服外五百
里绥服：三百里揆文教，二百里奋武卫。绥服外五百里
要服：三百里夷，二百里蔡。要服外五百里荒服：三百里
蛮，二百里流。

东渐于海，西被于流沙，朔、南暨：声教讫于四海。
于是帝锡禹玄圭，以告成功于天下。天下于是太平治。

司马迁对《禹贡》非常重视，可以说他已经把《禹贡》的全
文都照录在这里了，当然他在其中做了一些改动，刚才我们已经
说过了。

这部分是有关九州最古的记载。当然关于九州都是哪九州，
应该怎么区划，还有从九州发展而来的"十二州"的说法，这些《夏
本纪》里没有详细的讨论，如果大家有兴趣的话，将来还可以进
一步加以探讨。不过无论如何，《禹贡》的九州可以说是中国古
代地理最古老的一篇文献，影响非常之大，而且它里面的一些内
容甚至于地名，到现在还都存在，我们要特别注意。

所谓九州，就是冀州、沇州（即兖州）、青州、徐州、扬州、
荆州、豫州、梁州、雍州。

大家可以看它的次序是这么走的。从冀州开始，冀州古代又
被称为中冀，当时被认为是整个中国区域中间的地方，包括今天
河北省的大部和山西省的一部分。再往东是沇州，然后是青州，
再往东南是徐州、扬州。这些地名现在大部分都存在，有些是变
成小地名了，但兖州、青州、徐州、扬州这些地名都有，青州就
是寿光。然后再往中间是荆州，就是湖北一带，豫州是河南，梁

州就到西边了，雍州就到了西北。它基本上是转了一圈。九州完全可以画成地图，《禹贡》的九州图是我国古代历史地图的基础。所以《禹贡》九州的说法大家千万不要轻视。

大家仔细读可以发现，九州的特点是，每一州首先讲自然地理的情况，就是它的山川的位置，它是以什么山、什么水作为界线的，里面有哪些主要的山河。一个是提到它的界线，一个是它里面主要的山川，这是第一部分。然后讲土壤是什么样，就是从农业的角度来看那个地方土壤的好坏程度，是上上，还是上中，等等，对九州的土壤都有详细的描述，这非常重要，而且很准确。我小时候看过《禹贡》，我是江苏人，在北京长大的，就没有看到过红土是什么样的，《禹贡》里面说是赤埴壤。后来我第一次到湖南，马上就看懂了，那里的土就是红的，湖南、江西等地方的土，都是非常红的，和北方的土完全不一样。所以《禹贡》讲的土壤非常合乎事实。土壤的后头是田赋和贡，田赋是当地人要向政府上交的食物税收，贡是要向政府输送的特产，这是贡与赋的基本区别。必须告诉大家，《禹贡》里讲的所有这些，不管是属于人文地理的，还是自然地理的，基本都符合事实。

我们再从考古学来看。最近这几天，山东的齐鲁书社将要出版中国社会科学院考古研究所邵望平研究员的文集，她已经退休多年，现在美国。抱歉的是虽然我给她写了一篇序，但还不知道她的文集叫什么，她没有告诉我书名。她的一篇非常成功且重要的论文，叫作《〈禹贡〉"九州"的考古学研究》，这篇文章我推荐大家看一下。因为她是学新石器时代考古的，主要是从新石器时代来讲的，如果是讲夏商周考古，可能还会更贴切一些。这篇文章非常好，这说明从考古学角度来看，《禹贡》所说也是非常有道理，非常有价值的，各位读《夏本纪》时可以就顺便把《禹贡》读一下。自古以来人们都把《禹贡》视为一个地理学的著作，大家知道我们国家历史地理学的奠基人就是刚才提到的北大的顾颉刚先生，20世纪30年代顾先生曾组织成立了中国最早的历史地理学会，名字就叫"禹贡学会"，所出版的杂志也叫《禹贡》，这个刊物现在应该好好影印出版。

虽然大家都说《禹贡》是一篇地理方面的著作，不过我要说《禹贡》对于大家理解当时的社会政治历史也特别重要，虽然里面讲的不见得就是夏代，可是对于研究古代这方面的历史特别重要，因为《禹贡》本身的目的不在于讲自然地理，而是讲贡赋，里面最重要的一点，是讲畿服制度。所谓畿服，就是在政治地理上把中国的国家分成若干个等级。关于畿服的制度，只要仔细看一看《夏本纪》中所载的《禹贡》原文，我想大家也就基本明白了。

关于畿服，《夏本纪》中说：

> 天子之国以外五百里甸服：百里赋纳总，二百里纳铚，三百里纳秸服，四百里粟，五百里米。甸服外五百里侯服：百里采，二百里任国，三百里诸侯。侯服外五百里绥服：三百里揆文教，二百里奋武卫。绥服外五百里要服：三百里夷，二百里蔡。要服外五百里荒服：三百里蛮，二百里流。

这段话非常重要，它讲的是中国古代对政治地理的一种看法，即国家应该怎么样。天子之国就是天子之都，这里的"国"是指首都，不是指整个的国土，在首都之外如何如何。大家不要把这里的五百里看死了，它不可能是画成圈或者是方框，像过去人们所做的那样，那只是一种图解。天子之国（都城）在中心，五百里外是甸服，其中一百里纳的赋是纳总，二百里纳铚，三百里纳秸服，四百里粟，五百里米。如果这里的中心位置是天子之都，向四周各五百里，就成了"邦畿千里"，这是周朝的统治地区，当然这只是一个象征性的图解，不会是实际的情况。在这个区域内，各地交的赋要有一定的差别。什么是赋？刚才我讲了，赋就是地方的人民要向政府、向统治者上交的粮食，因为当时是农业立国，粮食是主要的赋。一百里的范围之内是纳总，就是该交多少交多少，比如种小麦的话，要把小麦整个地交上来；二百里纳铚，铚是一种小的镰刀，就是把小麦割下来了，不是整个交，而是交半截；三百里纳秸服，三百里要把那些秸的壳都去掉，但带着一些杆；四百里纳粟，还带皮的；五百里纳米，就是精米，把皮也去掉了。这反映了当时的田赋制度，当然实际的地理情况不会是那么简单的，可是它不同的层次是很清楚的。

然后还要往外，从甸服向外再走五百里，就是侯服，再五百里是绥服，再五百里是要服，再五百里是荒服。侯服里面是百里采，二百里任（任就是男），三百里诸侯；绥服里面，三百里是揆文教，二百里奋武卫。这些三家注里都有说明，我就不详细讲了。甸服以外是侯服，侯服是诸侯的地方，天子不直接统治，不管是采地还是男，还是诸侯，都属于侯服，这里交的赋就不是给天子了，而是给诸侯。绥服，绥就是安，这里生活的部族就是受教化而已；要服的要就是约，就是约定的关系了，再往外是荒服，天子可以不管它，因为管理力度达不到了。所以我们可以看见，从天子之国的中心，经过甸服，然后侯服，然后绥服、要服、荒服，虽然历史上不可能是这么规整地呈现，但能使我们对当时的政治地理结构有一个直观的概念。这个问题，对于研究我们古代，尤其是夏商周三代的历史，至少是有很重要的图解作用，非常非常重要，希望大家能仔细读一读，对当时的情况有更多的了解，不过不要把它看死了。

关于畿服制度，刚才我们提到顾颉刚先生，他在《史林杂识初编》中专门有讲畿服的一篇，我认为这是顾颉刚先生最精彩的一篇文章，确实是很有教育意义的，大家有时间可以看一看。他讲的畿服制度，讲得特别好，在这以后我没有看到任何人写的能够超过他，确实是很有意义。邵望平的文章也可以看一看。

> 东渐于海，西被于流沙，朔、南暨：声教讫于四海。
> 于是帝锡禹玄圭，以告成功于天下。天下于是太平治。

《禹贡》的内容一直到"于是帝锡禹玄圭，以告成功于天下"就结束了。大家如果把《尚书》的《禹贡》拿来看一下就知道。原文是"禹锡玄圭，告厥成功"。司马迁把它翻译成"于是帝锡禹玄圭，以告成功于天下"，是说帝给禹送了一个红黑色的圭，以告成功于天下。

刚才讲的内容就是关于《禹贡》。当然这篇最主要的价值是在历史地理方面，可是从古史方面来读它也很有价值，所以我们今天特别把它介绍说明了一下。这是我要讲的关于这一段的内容。

> 皋陶作士以理民。帝舜朝，禹、伯夷、皋陶相与语帝前。皋陶述其谋曰："信其道德，谋明辅和。"禹曰："然，

如何？"皋陶曰："於！慎其身修，思长，敦序九族，众明高翼，近可远在已。"禹拜美言，曰："然。"皋陶曰："於！在知人，在安民。"禹曰："吁！皆若是，惟帝其难之。知人则智，能官人；能安民则惠，黎民怀之。能知能惠，何忧乎驩兜，何迁乎有苗，何畏乎巧言善色佞人？"皋陶曰："然，於！亦行有九德，亦言其有德。"乃言曰："始事事，宽而栗，柔而立，愿而共，治而敬，扰而毅，直而温，简而廉，刚而实，强而义，章其有常，吉哉。日宣三德，蚤夜翊明有家。日严振敬六德，亮采有国。翕受普施，九德咸事，俊乂在官，百吏肃谨。毋教邪淫奇谋。非其人居其官，是谓乱天事。天讨有罪，五刑五用哉。吾言厎可行乎？"禹曰："女言致可绩行。"皋陶曰："余未有知，思赞道哉。"

帝舜谓禹曰："女亦昌言。"禹拜曰："於，予何言！予思日孳孳。"皋陶难禹曰："何谓孳孳？"禹曰："鸿水滔天，浩浩怀山襄陵，下民皆服于水。予陆行乘车，水行乘舟，泥行乘橇，山行乘檋，行山刊木。与益予众庶稻鲜食。以决九川致四海，浚畎浍致之川。与稷予众庶难得之食。食少，调有余补不足，徙居。众民乃定，万国为治。"皋陶曰："然，此而美也。"

禹曰："於，帝！慎乃在位，安尔止。辅德，天下大应。清意以昭待上帝命，天其重命用休。"帝曰："吁，臣哉，臣哉！臣作朕股肱耳目。予欲左右有民，女辅之。余欲观古人之象，日月星辰，作文绣服色，女明之。予欲闻六律五声八音，来始滑，以出入五言，女听。予即辟，

148

女匡拂予。女无面谀，退而谤予。敬四辅臣。诸众谗嬖臣，君德诚施皆清矣。"禹曰："然。帝即不时，布同善恶则毋功。"

帝曰："毋若丹朱傲，维慢游是好，毋水行舟，朋淫于家，用绝其世。予不能顺是。"禹曰："予（辛壬）娶涂山，（辛壬）癸甲，生启予不子，以故能成水土功。辅成五服，至于五千里，州十二师，外薄四海，咸建五长，各道有功。苗顽不即功，帝其念哉。"帝曰："道吾德，乃女功序之也。"

皋陶于是敬禹之德，令民皆则禹。不如言，刑从之。舜德大明。

于是夔行乐，祖考至，群后相让，鸟兽翔舞，《箫韶》九成，凤皇来仪，百兽率舞，百官信谐。帝用此作歌曰："陟天之命，维时维几。"乃歌曰："股肱喜哉，元首起哉，百工熙哉！"皋陶拜手稽首扬言曰："念哉，率为兴事，慎乃宪，敬哉！"乃更为歌曰："元首明哉，股肱良哉，庶事康哉！"（舜）又歌曰："元首丛脞哉，股肱惰哉，万事堕哉！"帝拜曰："然，往钦哉！"于是天下皆宗禹之明度数声乐，为山川神主。

从"皋陶作士以理民"这一段开始，到"帝用此作歌曰"这一段，都是《皋陶谟》的话。

皋陶在尧舜禹时期是起很重要作用的一个人物。我们看现在的《尚书》，《尧典》之后是《舜典》，如果是《今文尚书》的话，再下面那就是《皋陶谟》。《大禹谟》是伪古文《尚书》，我们不要相信它。在先秦的时代，《尧典》和《舜典》是一篇，《皋陶谟》和《益稷》是一篇。现在我们看到的《尚书》本子，把它们分割开来了。《尧典》和《舜典》实际上就是《尧典》，也有人叫它《帝典》，《皋陶谟》和《益稷》就是《皋陶谟》，所以大家现在读的《尚书》注本，有的是把它们合起来的，这个情况也希望大家能够注意。大家如果有时间的话，很希望你们能够把这些《尚书》篇目读一下，看司马迁是怎么解释《尚书》的。

总之，以上这些内容，只有这么几个来源，我再把它们重复一下：第一个来源就是《尚书》，包括《尧典》《舜典》《皋陶谟》《益稷》和《禹贡》，也就是《尧典》《皋陶谟》和《禹贡》这几个部分；再有就是《大戴礼记》里的《五帝德》和《帝系姓》这两篇；还有一些内容用了《孟子》，特别是《孟子》的《万章》部分。所以我们可以看到，司马迁对于夏禹讲得非常小心。

如果我们要注意百家之言，比如看一些先秦的子书，或者是其他的内容，那么其中可见关于夏禹的记述多得很，可是确实有很多矛盾的东西，所谓"百家不雅驯之言"，有各种不同的说法，但司马迁都没有采用，他所用的材料就是上述这些。司马迁把这些来源不同的材料组合在一起，把夏禹的传说连贯起来，说得很清楚，很了不起。当然，这些部分我们不能认为都是历史事实，其中还有相当大的一部分是当时的传说，甚至于神话，比方文中说夏禹说话的声音就像是十二律一样，那当然不可能。像这样的内容当然就带有传说的色彩了。

我们看一些子书，特别是有关术数的东西，关于夏禹还有很多的说法。有一个词叫"禹步"，不知道大家是否知道，禹步就是一种巫术。因为近年来发现的术数材料很多，战国时代一直到秦汉的都有，其中不少都提到禹步。有些是属于术数的，有些甚至是医药方面的，也带有巫术的成分，有这方面的记载。其实这种东西在当时来说是很普遍的，很多人都知道。据说禹去治水，非常劳累，有人说他腿上的汗毛都没有了，即所谓的"胫无毛"，有人说他这样就偏废了，像是脑溢血那样，所以走路就有困难，不能迈开大步走，只能一步一步两脚相跟着走，这样就成了"禹步"。"禹步"成了后来巫术的一种步子，所以战国到秦汉的一些文献，不管是传世的还是出土的，经常提到禹步，这里就可以看到禹慢慢真成了神话的一个人物。可是我个人认为，即使是这样，我们还是应该承认夏朝的建立者禹是真实的存在。

> 帝舜荐禹于天，为嗣。十七年而帝舜崩。三年丧毕，禹辞辟舜之子商均于阳城。天下诸侯皆去商均而朝禹。禹于是遂即天子位，南面朝天下，国号曰夏后，姓姒氏。
>
> 帝禹立而举皋陶荐之，且授政焉，而皋陶卒。封皋陶之后于英、六，或在许。而后举益，任之政。
>
> 十年，帝禹东巡狩，至于会稽而崩。以天下授益。三年之丧毕，益让帝禹之子启，而辟居箕山之阳。禹子启贤，天下属意焉。及禹崩，虽授益，益之佐禹日浅，天下未洽。故诸侯皆去益而朝启，曰"吾君帝禹之子也"。于是启遂即天子之位，是为夏后帝启。

禹虽然是夏朝的第一个王，但他并没有把君位传给自己的儿子，而是传给了伯益。伯益曾与禹一起治水，是很受尊重的一个人物。禹在其晚年把王位传给了益。《夏本纪》中记载说："（禹）

以天下授益。三年之丧毕，益让帝禹之子启，而辟居箕山之阳。禹子启贤，天下属意焉。及禹崩，虽授益，益之佐禹日浅，天下未洽。故诸侯皆去益而朝启，曰'吾君帝禹之子也'。于是启遂即天子之位，是为夏后帝启。"这一段话来源于《孟子》。

《夏本纪》有一个特殊的重要性，是我们今天读禹的故事所不能不涉及的，这就是所谓的禅让。什么是禅让？那就是君主不是按照血缘的关系来传位，而是从尚贤的角度来传位，这就是禅让。很多学者都认为禅让可能与历史上的部落或者部落联盟推举首领的方式有什么关系，这个问题我们可以从各个角度，包括从人类学的角度来讨论。

禹到启不是禅让。他是传子的，而且有一个传说，说禹本来是推举益作为他的继承人的，尧传给舜，舜传给禹，这都是禅让。禹传给益，这不也是禅让吗？可是按照《孟子》所说，当时启这个人很好，大家又思念禹，所以大家都不到益那里去，而是到启那里去了。所以启就做了君主，以后就一代代传下来了。当然了，有些子书，以及古本《竹书纪年》说启把益杀了，这也是一种传说。不过无论如何，夏代成了家天下的一个朝代。所以《三字经》上就这么说：夏传子，家天下。有些学者就从这里得到了一个推论，说夏朝是中国第一个王朝。以前是禅让，不是一个王朝，因为它没有传子，是不是这样，我想这个问题大家可以讨论，并不是一个完全确定不移的说法。按照古书的说法，尧以前还有传子的。从人类学的角度来看，或者说包括从民族学的调查来看，即使是一些原始社会的史前部落，在父系家长制的情况下，每每也是传子的。父系家长制本来就是一个传子的制度，要不怎么叫父系家长制呢？是不是当时的领袖都是推选，也还可以讨论，这种问题大家可以来研究。不过无论如何，夏代作为一个朝代，它的历史是比较清楚、比较明显的，在它之前，特别是唐虞该怎么计算，也还可以讨论。这个问题留给大家慢慢去研究，我相信在古史学界，这个问题还会长期讨论下去，不可能短期内解决。

我们要特别注意禅让这个提法，我谈一点个人感想。这实际上是战国时代，特别是战国中期的一种思潮，因为儒家、墨家都特别提倡尚贤，墨家就把尚贤作为一种口号，在《墨子》里就专门有《尚贤》篇。实际上儒家也讲尚贤，在《论语》里面也可以找到相关提法。把尚贤放到政治角度上来，甚至提到统治者这个水准上来，就是禅让。在战国中期以后，特别是中晚期之际，在公元前三百多年的时候，禅让成为一种政治风气。大家知道出现真正禅让的事情，就是在燕国。燕王哙居然真正把君位禅让给了宰相子之，子之做了王，结果造成内乱，而且还引起了外患，齐国、中山国都起兵来打燕国。这里面很重要的一个鼓吹齐国去打燕国的人就是孟子。孟子特别讲，对这样的事情非去干涉不可，结果齐国军队趁燕国内乱、燕太子也死了这样一个机会，攻进了燕国，几乎把燕国灭了。这个事情大家都知道。我们现在看到出土的一些有关禅让的文献就是这个时期的，所以这个时期禅让成为一种思潮。究竟禅让应该怎样理解，这个问题也可以留给大家讨论。可是无论如何有一点，就是我今天在这里开始讲课时所提到的，中国的古史，从夏朝起，三代应该作为一个段落来看。它和以前的五帝时代肯定是不一样的，因为夏朝有更多的历史内容，我们在以后的阅读中还会涉及，而且会把有关的问题以及和考古学之间的关系给大家仔细介绍一下。我今天的讲课内容就到此为止了。

第二讲

今天我们继续读《夏本纪》。上次我们读了《夏本纪》前面的一部分，实际上是内容比较多的一部分，占了一多半。这一多半的内容都是关于禹的，如果有同学听了我以前讲的《五帝本纪》的话，可以感觉到，有关禹的内容与《五帝本纪》部分，特别是其中尧舜的部分是衔接的，而且性质也是类似的。

我们来复习一下上节课关于《夏本纪》前半部分所讲的几个问题，我们主要讲了三个比较大的问题。第一个问题是通过《夏本纪》前半部分的阅读，介绍了司马迁研究古史传说时代采取了什么样的方法，有什么样的途径，看到的最主要的材料。司马迁并不是简单地把这些材料一股脑地照收下来，而是很谨严地对这些材料加以甄别，加以选择，选取那些最有权威性的材料。他也不仅仅局限于这些材料，他也参考了百家之言，虽然他不见得采用了它们。更重要的是，他本人真是做到了读万卷书，行万里路，到很多的地方去，听当地的父老传述有关古史的传说。所以实际上他采了两个方向，一个是文献的材料，一个是民间的传说，把两种材料相核对，来判别哪些文献的材料是比较可靠的。他用这些比较可靠的材料作为基础，来写他的《五帝本纪》和《夏本纪》中关于禹的部分，这是我们上次课里讲的第一个问题。

上次课我们还讲了第二个问题，我们一部分一部分地分析说明了《夏本纪》中禹这一部分的文献来源与依据，司马迁关于禹的传说和历史主要是根据《尚书》中的几篇：《尧典》（包括《舜典》）、《皋陶谟》（包括《益稷》）和《禹贡》。大家可能会问为什么没有包括《大禹谟》，这是因为《大禹谟》是一篇伪古文《尚书》。另外还有现在收在《大戴礼记》中的《五帝德》与《帝系姓》，他根据《五帝德》和《帝系姓》的记载，把《尚书》及有关的材料组织在了一起。司马迁所用的材料主要就是这两大类，另外还有一些小的地方用了其他书，比如说《孟子》，特别是其中的《万章》篇。这些材料在司马迁看来，都是非常可信的。他把这些材料组织起来，就形成了《夏本纪》中有关夏禹的部分。所以从中我们可以进一步认识司马迁对于古史传说时代是怎么研究的，对于我们前面讲的第一个问题做了进一步的延伸。

如果我们对照今天还能看到的有关史料，比如《尚书》的一些篇，还有《大戴礼记》的有关篇目，等等，就可以发现，司马迁在撰写过程中的一个重要特点是对有关材料进行了语译，把不好懂的句子或词换成了容易懂的句子或词，用汉代人比较容易理解的话来加以转述，进行了"白话翻译"，上次我们也讨论了这个问题。这种地方也为我们提供了一个很好的机会，来看司马迁是如何适应当时社会公众的需要来处理材料的，还可以看到司马迁是如何理解《尚书》《大戴礼记》这些难读的文献。这种地方如果我们深入研究的话，就可以看到司马迁本身的学术立场，他是怎么理解的，怎么拿同义词来做替换。这方面我们上次也多少举了一些例子，不过由于时间关系，没有讲得很详细。大家如果回去与《尚书》《大戴礼记》等文献对读，一定会很有帮助。

特别是《禹贡》这样的书，很多地方我们读起来容易误解，司马迁的阐释可以帮助我们更好地了解古人怎样来解读这样的文献。

我们上次讲的第三个问题，是特别讲了《禹贡》。《禹贡》在今天看来是一部历史地理的名著，但《禹贡》主要内容在于贡赋，所以叫"禹贡"。而贡赋在一定意义上也可以被看作当时的经济地理，所以是从自然地理一直讲到了经济地理。《禹贡》是一部非常重要的著作，也与大禹治水、敷土九州有密切的关系。我们还特别介绍了 2002 年发现的一件西周中期的青铜器遂公盨，上面的铭文证明《禹贡》及其书序是有依据的。这一点也希望大家在研究上稍加注意。

这些就是上次课的基本内容。下面我们会接着往下读。往下的部分就和前面大不一样了。

我们来重新看一下夏朝的世系表：

这个世系表一共是 14 世，17 王，是根据《夏本纪》来写的，大家读《夏本纪》时手头要有一个这样的世系表。我们可以看到，夏朝的世系是很清楚的。我们上次说过，上海博物馆收藏的一篇竹简叫《容成氏》，其中讲了很多传说，也明确讲夏代有 17 个王，与《史记》完全一致。可见夏朝有 17 个王，是当时普遍的认识。

这个世系表很重要，大家可能会问，司马迁的这个世系表是从哪里来的？刚才我们讲了，司马迁写《史记》时，几乎每句话都是有依据的，他有充分的材料。那么世系表来自何处？根据我们的了解，这些内容应该是出自当时很普通的一本书《世本》。

我给大家介绍一下什么是《世本》。在座的同学如果读过《国语》的话，就知道当时有这样一类书，这就是《世》。所谓的"世"，就是记载世系的。大家要知道，世系在先秦时代甚至于到汉晋时期，都是最重要的，因为当时中国的社会，包括贵族和其基层之间的关系，很重要的一个特点就是维持其血缘的关系，血缘关系在当时特别重要，当然在汉晋以后也是一样的。一直到唐代，血缘关系才逐渐有所变化、有所松动，宋代以后就变化比较大了。可是中国人一直讲"世"，一直到现在，许多地方还留存有家谱、还在修家谱，所谓"世"，其实就是家谱。当时的人用"世"来教育孩子，对于当时参与政治活动的一些贵族来说，这是不可缺少的知识。所以"世"是很重要的，而"世"一定要追溯家族历史。大家看现在的家谱很多都大幅向前追溯，有的甚至从黄帝讲起，不管真实程度怎样，至少它重视血缘关系的特点是非常突出的。这也是中国历史、中国社会一个突出的特点，特别重视这个"世"。外国人也不见得不重视，美国人就很重视。为什么美国人很重视？大家都知道美国有一句俗语："什么是美国？美国就是一群人，他们旅行到这里就住下来了，这就是美国。"这句话的意思是，美国是由很多不同来源的人民组织起来的。所以美国人也很重视世系，留意追溯自己世系的来源。

在中国古代，世系与当时社会的具体行动、准则都有关系，所以"世"是非常重要的。当时"世"一类的书是很多的，有人曾把一些"世"方面最重要的书集合起来，形成了一部书，这就是《世本》。不过我们看三家注时，会发现唐朝人经常把这部书写成"《系本》"，这是因为当时要避李世民的讳，把《世本》改成了《系本》。《世本》一书包括了许多部分，比如说帝王的世系、诸侯的世系；还有"居"篇，讲这些帝王和诸侯住在什么地方；还有专门讲"氏姓"的；还有讲"作"的内容，讲什么东西是谁创造的，比如说仓颉造字，等等。这样的一些内容都与世系有关，形成了《世本》这部书。

非常可惜的是，《世本》这部书在唐朝以后就散佚了。大家知道，在印刷术发明之前，古书靠抄写流传，数量很少，一旦遇到天灾或战乱，抄本比较容易散失。为了弥补缺憾，商务印书馆曾经出版了《世本八种》一书，汇集了学者们所作的各种《世本》辑录本。

至于《世本》一书的写作时代，根据现有的辑录材料，《世本》里面有一句话是"今王迁"，"今王迁"就是赵王迁，是赵国最后一个王，赵国被秦所灭时，其国君名叫迁。《世本》称赵王迁为"今王"，说明这部书的定本很可能是完成于赵王迁在位的时候，而且很可能是由赵国人所作。当然今天看《世本》，还有汉代人增补的内容，我们就不讨论了。总的来说，《世本》这个书，应该是战国末年赵国人汇集有关材料而作的一部书，可是其根据的材料是非常古远的。司马迁讲夏朝世系，就是根据《世本》这样的书，而《世本》又有着久远的历史来源。所以我们可以看到，像刚才讲过的夏朝有 17 个王，其次序应该是非常有根据的。夏朝就是有 17 个王，这一点从各方面来看，目前没有什么值得怀疑的地方。当然，与《殷本纪》中的商朝的 31 个王一样，夏朝的个别王也有可讨论之处。

那么《夏本纪》是不是还有其他材料可以参照、对证呢？有的，这就是《竹书纪年》，很可惜的是该书后来也散佚了。《竹书纪年》是目前我们在《夏本纪》之外有关夏朝世系的最重要的对比材料，除此之外几乎没有其他更多的材料。当然诸子百家还有一些关于夏朝的论述，可是那些材料司马迁没有采用，我们可以对照的最主要材料就是《竹书纪年》。

在座的很多人可能知道《竹书纪年》的来历，我再作一些介绍。在西晋武帝时，据考证是在咸宁五年（279年），在河南汲郡有一个名叫不准的人（据考证当时有"不"这个姓）。有一次不准走路时忽然掉下去了，后来知道是踩塌了一座古墓，墓里面出土了大量的东西，包括竹简，这就是著名的汲冢竹书的发现。在中国古代历史上有两次简的大发现，一次是西汉景帝至武帝时孔子故宅的发现，另外一次就是汲冢的发现。汲冢是战国晚期魏国的墓葬，简就是在这个墓里出土的。我顺便说一句，古代竹简，特别是战国时代的简近年发现很多，主要是在楚国地区，即今河南南部和湖北、湖南等地。这些地方地下水位比较高，出土有简的往往是过去所谓的水坑墓。而中原地区墓葬中的竹木简几乎是无法保存下来的，其实当时可能很多墓都有简。比如北京的大葆台汉墓，这个墓里本来是有简的，因为在墓葬的黄肠题凑中夹了一枚简，上面还有字，但墓里的其他简已经全部不存在了，这是由于这些墓葬的条件不适合保存竹木简。汲冢的发现给了我们一个希望，就是北方地区、中原地区也有可能发现较早的竹简。而且这些简在发现时还是干的，因为当时的盗墓者曾将竹简点燃，用于照明。

汲冢的书是很多的，据说有75卷，其中最重要的就是《竹书纪年》，这是一部主要从夏代开始记载的史书，对五帝时代也有一些记叙，但不多。这部史书是战国晚期魏国人编写的，里面所记夏代王的世系基本上与《夏本纪》相吻合。

由于我们现在读的《夏本纪》三家注很少提到《竹书纪年》，而《竹书纪年》的有关材料还是很多的，所以我们在这里做一些补充。

《竹书纪年》与《夏本纪》有些记载是不一样的，比方说《纪年》说夏禹在位有45年，启在位39年，与《夏本纪》不同；帝槐的"槐"字，《纪年》作"芬"；帝芒的"芒"字，《纪年》作"荒"；帝廑，《纪年》作胤甲。其他记载基本相同。所以我们可以看到，《竹书纪年》中夏朝的世系，总的来说与《夏本纪》还比较一致，这就证明了至少在战国时代，时人对夏朝世系的认识是有大致共识的。

这就是关于夏朝世系的内容。大家仔细看《夏本纪》就可以看到。当然，夏朝世系虽然清楚，但我们不是对夏朝世系的每一代都有很多的知识。商朝的情况也是如此，商朝31个王，也有很多王我们没有多少知识。不过夏朝有几个主要的王是比较重要的，比如启，近代史学家很看重启，认为他开创了"家天下"的局面，是夏朝真正的奠基人。

按照《史记》的说法，启是因为受到大家的拥戴，最后继承了君位，这是一个传统的说法。可是《竹书纪年》不是这种说法，它说："益干启位，启杀之。"这是二者的不同。第一种说法是一件很好的事情，启是很得人心的，益也愿意把帝位让给他，所以启就代替了益，这是一种和平过渡；至于《竹书纪年》和一些子书是另外的说法，认为益和启之间产生了很大的争夺，最后启带人把益给杀了。传统的说法是根据《孟子》和《夏本纪》的记载，而《竹书纪年》和一些子书则是另外的说法。至于这两种说法哪种更好，我们在这里也不好作决断，只能把不同的说法提供给大家。

不过我要指出，《竹书纪年》虽然是一部很好的史书，但是它有一种思想倾向，在好几个问题上都是如此。比如商朝的伊尹，按照传统的说法，伊尹帮助了太甲，太甲不太成材，伊尹就让他去反省，太甲改正后又把王位还给了太甲。这本来是一件很好的事，可是《竹书纪年》说太甲从他反省的地方逃出来了，而且把伊尹也杀了。共和行政的记载也是一样，按《史记》所说是周公和召公共同执掌朝政，而《竹书纪年》则说是由共伯和代行天子之政。在这些问题上，大家可以看到，以儒家为代表的传统的历史观点和《纪年》及其他百家之言可以说是水火不相容。究竟哪个对，今天也很难作个决断，只能把这些问题介绍给大家。

无论如何，在禹之后，真正继承其王位的是启，从此以后夏代都是通过传子、传弟的方式来进行王位继承的，所以整个的世系可以看得很清楚。

夏朝的世系中还有一些有意思的地方，比如说其中有太康、仲康、少康，为什么有三个人都叫"康"？按道理来说，太康、仲康比较好理解，那为什么仲康的孙子叫少康？其实从我们今天来看，这个世系反而证明了有它的道理。实际上在这里面，已经有不少的人名与商朝一样，采用了甲、乙、丙、丁等天干作为人名，比如胤甲、孔甲、履癸等，所以这里的"康"其实应该读为庚，即太庚、仲庚、少庚。这样的一个制度就与甲骨文所告诉我们的商朝制度是完全一样的。这个可能性是很大的。所以我们能看到这个世系的背景，它不可能是没有根据的，否则就做不到这一点。

这种日名的制度，在夏、商直到西周初年普遍得到执行。西周初年时，还有很多人普遍使用日名，有人认为西周已没有日名制度，这种说法是不对的。当时人认为，天干是十天一个循环，甲乙丙丁戊己庚辛壬癸，每个人都占有其中的一天，当然一般是在他死后才使用日名。有人说这是根据他的生日，有人说是根据他的卒日，有人说是选的，这个问题我们今天不展开讨论。无论如何，当时每个人都有一个日名，特别是帝王、诸侯都有。这种情况夏代应该已经有了，如太庚、少庚、胤甲、孔甲、履癸，已经有相当一部分使用了日名。这也可以看出，夏朝的世系确实有它的真实性。

在《夏本纪》讲启的部分，讲了一段他大战于甘的故事：

> 夏后帝启，禹之子，其母涂山氏之女也。
>
> 有扈氏不服，启伐之，大战于甘。将战，作《甘誓》，乃召六卿申之。启曰："嗟！六事之人，予誓告女：有扈氏威侮五行，怠弃三正，天用剿绝其命。今予维共行天之罚。左不攻于左，右不攻于右，女不共命。御非其马之政，女不共命。用命，赏于祖；不用命，僇于社，予则帑僇女。"遂灭有扈氏。天下咸朝。

这一段还是根据《尚书》，所依据的是《甘誓》篇。根据《甘誓》和《尚书序》，启做了王以后，有扈氏并不服从。按照一些古书的说法，有扈氏是夏朝的一个同姓国，位于今天陕西的户县。在20世纪50到60年代，陕西和江西等地曾有一种风气，把一些地名所用的字给改了，其中陕西的扈县被改名为户县，应该说这个改动还是比较有道理的，但是有的改名没有什么道理，比如把"盩厔"改名为"周至"。甘这个地名在汉朝还存在，是鄠县的一个小地名。"大战于甘"就是夏朝的启与同姓的有扈氏之间在甘举行的一场战争。这就是《夏本纪》里描述的最主要的一场战争，发生的地点应该就是在陕西的户县。《尚书》里的"誓"每每是指发动战争时的一种动员令，不管是甘誓、汤誓、牧誓，基本上都是这样，甘誓就是在甘这个地方举行的战争动员令。

《甘誓》里面有一句话特别值得注意，启在讲有扈氏的罪状时，说"有扈氏威侮五行，怠弃三正"。什么叫"威侮五行，怠弃三正"？大家知道，在《尚书》和其他古书里面，对好几场战争都用过类似的形容，这恐怕是反映了当时人们的特殊观念。吉林大学已故的金景芳先生作过《尚书》的注解，曾专门讲了这个问题。按照传统的说法，五行就是金、木、水、火、土，三正则是历法方面的建子、建丑、建寅的建正。"威侮五行"怎么讲？金先生认为就是不按照金、木、水、火、土这五行本身的规则去行事，比如说治水，却不按治水的特性来治理，像鲧，在治水时就是违反了水的性质来进行的，这就是"威侮五行"。因为农业是要根据自然的规则来办的，不能够违背。金先生的这个解释对不对？至少到今天为止还是最好的一个说法。因此我把它介绍给大家。也有人说"三正"是天、地、人之道，所以称为三正，这也是一种说法。这是有关《甘誓》的一些内容。

甘之战的结果，是启战胜了，有扈氏自此归于灭亡。《夏本纪》里关于启所谈的问题就是这么多了。不过我可以告诉大家，有关启的传说和历史记载应该还会有很多，近年我们在新发现的竹简中看到一些苗头，这些竹简还没有得到很好的考释，等考释出来之后我们可能会对启的传说和历史有更多了解。

刚才我们讲了启的历史。启灭了有扈氏，天下咸朝。在司马迁看来，有扈氏是启的一个有代表性的反对者，有扈氏被灭后，大家都来朝见启，启的地位就巩固了。夏朝的建立和夏朝家天下传统的形成，应该说有一个很曲折的过程，而且反对启即位者是在它的内部，这一点大家要特别注意一下。不管我们今天做怎样的解释，比如把它说成是禅让制被传子制所取代，等等，都应该认识到，在世界上，在真正建立一个国家和朝代以前，在很长的时期里，父系家长制每每都是传子的。传子并不是到了国家形成以后才会有，这种问题我们还可以进一步来讨论，来研究。对于古代社会的这些认识，学术界一定会在长时间里进行深入的讨论。

夏后帝启崩，子帝太康立。帝太康失国，昆弟五人，须于洛汭，作《五子之歌》。

接下来很长的一大部分都是讲夏朝后来的发展历程。司马迁讲夏朝历史，最引起后人批评的一点，就是在讲了启以后，没有很好地讲太康失国和少康复国（或称少康中兴）这段历史。

这段话根据的是《尚书序》，《五子之歌》这篇《尚书》今天已经不存在，《十三经注疏》里面的《尚书正义》是有《五子之歌》的，但这篇《五子之歌》是伪古文《尚书》，大家不要相信。

按照古书的记载，夏禹的都城是在阳城，这个说法很古，在战国时代就有。我们可以把它理解为就是战国时代人们所说的阳城，其地点在当时的韩国。战国时代的阳城遗址已经在考古工作中找到了，就在今天河南的登封。在登封的考古中不仅找到了阳城，而且出土的陶器上还写有"阳城"二字。如果大家到登封去，那里有一个博物馆，博物馆上面就写了"阳城"两个字，所依据的就是陶器上的文字。

我们现在可以知道，禹、启他们活动的地方都是在豫西北这一带，晋南、豫北一带是夏朝的中心地区。太康把王位丢了，他和兄弟五人曾在洛河附近居住，他们曾经作歌，即《五子之歌》，这就是《尚书序》的内容，《五子之歌》本身则已经失传了。

关于太康失国，《夏本纪》写了"太康失国"几个字就完了，实际上，在太康失国之后还有一个很详细的历史故事，在《夏本纪》里没有，但是见于《左传》。《左传》关于太康失国一直到少康中兴有非常详细的记载。可能有人会说，司马迁是不是没有看到过相关的记载，像有的先生所说是后加进去的。我们说不是这样的，因为这段材料司马迁不但看过，而且还使用过，见于《史记》里的《吴太伯世家》。在《吴太伯世家》里伍子胥讲了一段故事，其内容是与《左传》一致的。因此，司马迁看到了《左传》的这段记载，而且使用了这段记载，只是没有把它写在《夏本纪》里，这也许是他为了避免重复还是什么原因。我把这个情况告诉大家，大家可以回去后看看。

太康失国见于《左传》的襄公四年和哀公元年，有两部分。我们把这些记载放在一起，可以看到夏代在太康以后一段很复杂的历史内容。我给大家讲一讲这段古史。

启的儿子太康即位之后，很不得民心，而这个时候在东夷有一个叫有穷的诸侯国兴起，这个诸侯国的国君就是有名的后羿（不是射日的那个后羿）。《左传》里面讲这个故事时，引用了一本书叫《夏训》，我相信司马迁应该也没有看到过这部书，因为那时候这部书已经不存在了。有穷这个诸侯国原来是在东方的，后来趁太康不得民心，就从所居住的鉏这个地方迁到了穷石。"鉏"这个字就是我们常见的"锄头"的"锄"字，可是作为地名读为xú，"鉏"这个地方在今河南的滑县，穷石在洛阳的南面。所以有穷的势力实际上是从东向西走，绕着夏朝的腹地。有穷趁太康不得民心，就取代了太康。"因夏民以代夏政"，"因"是因袭，沿袭。太康失去了夏的王位，真正的国君是后羿，古本《竹书纪年》说："自禹至桀十七世，有王与无王，用岁四百七十一年。"说夏朝有"无王"的时候，"有王与无王"一共是四百七十一年。太康时就是"无王"。在太康、中康和相的时候，虽然夏朝还存在，但他们三人都已不成为王，所以太康等人在洛水边作歌，大概是由于他们已经没有真正的实权了。这段时间从太康的时代，一直延续到中康和相的时期。

> 太康崩，弟中康立，是为帝中康。帝中康时，羲、和湎淫，废时乱日。胤往征之，作《胤征》。

这段话也是从《尚书序》里来的，我们现在看到的《胤征》也是伪古文，大家不要相信它。可是《胤征》的内容也见于《左传》，《左传》的内容已经把伪古文的《胤征》的内容基本上都包含了。就是说在中康的时候发生了一次日食，天都黑了，老百姓非常害怕，很多人到处跑，局面非常混乱，管历法的官员没有预报出此次日食，故因为失职而受到惩罚。这就是《胤征》的故事。

为什么要讲《胤征》的内容呢？因为我们现在看到的虽然是伪古文，可是根据《左传》和《尚书序》，当时这次日全食的记载被公认为全世界最早的日食记录。世界上类似于这样的日食记录还是非常少见的。这次日食记录在欧洲和中国，有很多天文学家都推算过，近年我们进行夏商周断代工程的时候，也专门进行了推算，证明在公元前 2000 多年的时候，确实有几次日食的出现时间是有可能与这里的记载相符的。换句话说，就是当时发生过一次在洛阳地区可见的影响很大的日全食。所以还是要相信中康日食的存在，可惜的是我们不能证明它发生于哪一年。

当时的夏朝已处于无王的局面，被后羿把持了政权。可是后羿也没有能控制多长时间，就被他的手下寒浞取代了。寒浞也是一个东方的人，寒这个地点就在今天的山东潍坊，潍坊现在还有寒亭区。寒浞跟随后羿控制夏朝后，就成了后羿的相。可是寒浞是一个野心家，他也想取代羿，他老哄着后羿出去打猎，趁机把后羿给杀了。寒浞还霸占了后羿的妻妾，生了两个儿子，一个叫浇，一个叫豷。这两个人长大后都很勇猛，浇把夏朝两个很大的诸侯国斟灌氏和斟寻氏都给灭了。这两个诸侯所辖的地方非常重要，斟灌在今山东的范县，斟寻就是河南的偃师。夏朝有一个叫作靡的人跑到有鬲氏，有鬲氏在今天山东的德州，夏朝的相还在那里，寒浞派人追杀，相也被杀了，正好相的妻子后缗已经怀孕，她逃到了有仍氏，后来生下了儿子即少康。少康后来联合了靡等人，把寒浞和他的几个儿子灭了，重新做了夏王。这就是夏朝很重要的少康中兴的故事，整个时间一共是 40 年，有世系，但没有王。所以我们看古书记载夏朝的时间，有些说是 431 年或 432 年，有些说是 471 年或者是 472 年，就是看有没有包括无王的这 40 年。

商朝和西周的年代有不同的记载，但关于夏朝的年代基本上是明确的。

这段历史告诉我们什么呢？它告诉我们很重要的事情，就是夏朝与东方有很密切的关系，夏朝建国的中心是在豫西，从我们今天来看，主要是在山西的西南部和河南的西北部，换句话说就是在洛阳、偃师一带，这是它的中心地区。可是它很多的依靠力量是在东方。关于这个事实，《竹书纪年》告诉了我们很多的内容，这是《尚书》等其他文献里所没有的，所以《竹书纪年》对夏史的一个很重要补充，是让我们看到了夏朝和东方的关系。

而这一点就影响了后来的古史传说。大家知道大禹是怎么死的吗？禹死于会稽。据说禹最后是在会稽大会诸侯——会计天下，对天下进行调查统计，所以叫会稽。会稽就是今天的绍兴，那里有大禹陵，非常雄伟，还有许多与传说有关的东西，这些情况提示我们，夏朝与东南的夷人有密切关系。而这一点在《竹书纪年》中有详细记载，是其他书里所没有的。

刚才我们提到了帝相，他当时实际上已经不是真正的王了，可是按照《纪年》所说，他曾有一段时间居住在商丘，还曾经征淮夷、风夷和黄夷，而且于夷还去朝见他，所以帝相还依靠过东方的一些夷人；少康的时候"方夷来宾"；杼的时候征于东海；芬的时候据说"九夷来御"，九种夷都来朝见；帝荒（帝芒）的时候还曾经"东狩于海"，而且获得了一条特别大的鱼，这是值得纪念的事；泄的时候还曾经有六种夷来朝见；到帝发的时候，还有诸夷宾于王门，而且给他献舞，等等。《竹书纪年》的这些记载都是很重要的，当然我们不能说所有的事情都一定是当时的历史事实，可是无论如何可以看出，夏朝的一个重要依靠，是源自对东方和东南方向夷人的统治。夏朝对东南方向夷人的统治，有好的一面，也有不好的一面。好的方面是控制了东南的夷人，不好的方面是曾经被后羿取代，差点亡国。因此，夏朝与夷人的关系是我们研究夏朝历史时特别值得注意的。

> 中康崩，子帝相立。帝相崩，子帝少康立。帝少康崩，子帝予立。帝予崩，子帝槐立。帝槐崩，子帝芒立。帝芒崩，子帝泄立。帝泄崩，子帝不降立。帝不降崩，弟帝扃立。帝扃崩，子帝廑立。帝廑崩，立帝不降之子孔甲，是为帝孔甲。帝孔甲立，好方鬼神，事淫乱。夏后氏德衰，诸侯畔之。天降龙二，有雌雄，孔甲不能食，未得豢龙氏。陶唐既衰，其后有刘累，学扰龙于豢龙氏，以事孔甲。孔甲赐之姓曰御龙氏，受豕韦之后。龙一雌死，以食夏后，夏后使求，惧而迁去。

大家可以看到，在《夏本纪》的少康之后，基本上只是记载各个王的名字，只有在帝孔甲时记载了一件事。这件事没有太多的政治意义，但是有很重要的影响。这件事就是"帝孔甲立，好方鬼神，事淫乱。夏后氏德衰，诸侯畔之"。据说这是一个不好的夏王了。司马迁还讲了一件事："天降龙二，有雌雄，孔甲不能食，未得豢龙氏。陶唐既衰，其后有刘累，学扰龙于豢龙氏，以事孔甲。孔甲赐之姓曰御龙氏，受豕韦之后。龙一雌死，以食夏后，夏后使求，惧而迁去。"这个故事也是见于《左传》，刘累也是当时一个重要氏族的代表。后来汉朝就讲这个故事，以此为刘姓起源。这个故事有什么意义呢？我曾经和一些有关学者讨论过这个问题。当时有龙，而且人还能吃的，这究竟是什么？我有一个老同学专门研究爬行动物，在国际上非常有地位，是国际两栖动物学会的成员。我们闲谈时，他给了一个解释，认为这是鳄鱼。鳄鱼的图案，在商代的器物上可以看到。那个时候黄河流域有鳄鱼，是一点也不稀奇的，而且可以得到古生物学上的证明。我们中国古代说的鳄鱼不是 crocodile，像大家在电视上所见的非洲鳄那样，而是一种短吻鳄，英文名是 alligator，包括唐朝韩愈《祭鳄鱼文》所讲的都是这种短吻鳄。这种东西在古代黄河流域是很多的，而且是可以吃的。所以这个故事不是没有一点依据，当然不会是天降两条龙了。

孔甲这个故事，也是采用《左传》的材料，由于没有太多的历史价值，我们就不细谈了。

最后就是桀与汤的故事了，有关汤怎么兴起，怎么灭夏，则主要是《殷本纪》中的内容了。

> 孔甲崩，子帝皋立。帝皋崩，子帝发立。帝发崩，子帝履癸立，是为桀。帝桀之时，自孔甲以来而诸侯多畔夏，桀不务德而武伤百姓，百姓弗堪。乃召汤而囚之夏台，已而释之。汤修德，诸侯皆归汤，汤遂率兵以伐夏桀。桀走鸣条，遂放而死。桀谓人曰："吾悔不遂杀汤于夏台，使至此。"汤乃践天子位，代夏朝天下。汤封夏之后，至周封于杞也。

《夏本纪》的内容我们就整个看完了。

我们用了两个半天的时间，把《史记·夏本纪》的基本内容作了介绍，现在还剩下一个问题：应该怎么样进一步深入探讨夏代。

我们在上一次讲课的一开头就给大家介绍过，关于夏代作为一个历史上的朝代，是否真实存在，这并不是没有争论的。不过，在当今中国的古史学界，或者是考古学界，要找到一个完全否定夏代存在的人，恐怕并不容易；可是，如果在西方，能够承认夏代的人，恐怕也是非常少的。这涉及一个研究的方法问题，也是一个研究的态度问题。

怎样来看待历史上的这样一个朝代？

大家说，夏代是不是太古了？夏代并不算太古。大家知道，古代文明里面，年表最详细的，只有古代的埃及。我所能知道的最新的埃及学成果，是 2000 年发表的最新的埃及学年表。根据这个年表，中国的夏代实际上与埃及的中王国时期基本相当。而且埃及中王国时期的具体起止年代，与中国的夏代差不多。中国的五帝时代，与埃及的古王国时代基本差不多。而我们的商代，恰恰与他们新王国时代的盛期差不多。开始和终了时间的差距都不超过 100 年。大家要知道，埃及的古王国时代当然有很多的神话，可是中王国时代，有文字的记载已经很多了。我这里所说的文字记载，是指当时的铭文。大家以后如果学古埃及语的话，是要以中王国时代的埃及语作为入门的标准。这样说并不是说我们的文明比他们的差，因为他们的文字很多是在石刻上保存的，而我们的并不是这样。所以夏代是很古的，但不是不可以研究的。我想这一点必须和大家说清楚。

我们还是从学术史上来看对夏代的探索是怎样进行的。我们今天在考古学上也是承认有夏代的。过去考古学方面的课，比如北大有一门"商周考古"，今天叫"夏商周考古"；中国社会科学院考古学研究所出版的《中国考古学》，其中有一卷也是叫"夏商周卷"，所以在中国考古学界，也是比较常用夏代这个词。

这种认可并不是一开始就有的，是一件很不容易的事。我想用剩下的时间从学术史上看这个问题的意义。这对于我们怎样来认识《夏本纪》，以及我们怎么样来进一步探索夏代的历史文化，还是有一定意义的。

中国的考古学是怎么开始的？上节课已经和同学们说过，古代埃及学的研究是从埃及文字解读开始，而埃及文字解读的钥匙就是 1799 年发现的罗塞塔石（Rosetta Stone），罗塞塔石的发现标志着真正埃及学的开始。而中国现代考古学，应该是始于 1899 年甲骨文的发现。甲骨文的发现带来了中国现代考古学的发展，这一点是没有问题的。

当然，甲骨文发现之后被认知的过程是很曲折的。甲骨文最初发现时，大家只认识到这是古文字，并不是马上知道它是商代的。大家都知道，王懿荣是第一个鉴定甲骨文的，当然在天津也有两位学者曾经看到甲骨，但是第一个真正认识到甲骨文是古文字的就是王懿荣。王懿荣这个人，我们应该很尊敬他，他不仅仅是学者，而且还应该说是一位烈士。王懿荣是在 1899 年鉴别甲骨文的，这并不是偶然的事，因为在清朝晚年的时候，曾经出现过一大批很著名的研究金石古物的学者，比如山东的陈介祺、鲍康（字子年）、胡义赞（号石查）、潘祖荫、吴大澂等，有相当多的一批人。在他们这一批人里头，比较后进的一位就是王懿荣。可是到了 1899 年，那些人基本上都不在世了，只剩下吴大澂和王懿荣。吴大澂因为在甲午战争中打了败仗，就回了老家，在

1902 年就死了，所以吴大澂当时也不在北京。能够看到而且有能力鉴定甲骨文的就是王懿荣。王懿荣当时任国子监的祭酒，这个职务类似于大学校长。他曾在山东办过团练，所以在八国联军入侵时奉命负责北京的团练，八国联军入城时，他和全家人跳井自尽了。他住的地方就在今天的王府井大街一带，在现在利生体育商厦蹦极的地方旁边的小胡同里。纪念他殉葬的碑最初就在那个地方，他就死在那口井里。碑石现在保存在他老家烟台福山的纪念馆里，是当地人看到这块碑没人要，就装了一个麻袋背回去的。

王懿荣是鉴定甲骨的，可是他本人知不知道这些甲骨是商代的，这点我们不太清楚。当时南方有一个特别重要的学者，就是后来所有人都知道的罗振玉。当时王懿荣在北京有一个很好的朋友，同时也是罗振玉的朋友，名叫刘鹗，字铁云，是《老残游记》的作者。刘鹗因为曾开仓放粮，赈救饥民，后来被清政府发配到新疆，死在了那里。刘鹗在 1903 年出版的《铁云藏龟》里，已经清楚这些甲骨是商代的了。而他编《铁云藏龟》这本书，是受罗振玉的建议，所以罗振玉也是知道甲骨是商代的。可是王懿荣知道不知道，我们不清楚。王懿荣对甲骨文的研究一个字也没有留下来，他只是收藏。可是无论如何，甲骨文的发现，王懿荣、刘鹗和罗振玉都是有重大贡献的。而且是由罗振玉才确定了甲骨文的出土地点，因为那些古董商非常狡猾，把甲骨说成是在汤阴出土。大家要知道，汤阴就是安阳的邻县，可见当时的古董商还算老实。现在的古董商则有过之而无不及，山西出土的东西可以说是湖南，而且还可以编很多假故事。所以一直到刘鹗和日本人林泰辅的书和文章里面，都说甲骨是汤阴出土。但是罗振玉不相信这一点，他做了一些工作，才从古董商那里套出了甲骨实际是在安阳出土，然后又派他的弟弟等人去安阳收购，而且亲自去看，确定了甲骨的出土地点。他还和王国维一起，确定了安阳是商朝后期的首都。这是很大的考古学贡献。

所以，当中国人自己开始真正从事考古学发掘时，发掘殷墟已经成为当然的事了。大家知道中国现代考古学的诞生有几个标志性的事件。中国人自己最早来从事的考古发掘，其组织者是李济，发掘地点是山西夏县的西阴村。大家可以从这个名字就了解，为什么在夏县西阴村？就因为传说夏县与夏朝有关，所以选择了这个地方。

因此，中国的考古学一开始就与古史有关系，当然夏县西阴村的遗址更早，属于新石器时代，具体情况我们就不讨论了。可是无论如何，到1928年中央研究院历史语言研究所考古组成立后，中国第一次用政府的名义来从事考古发掘，所选择的发掘地点理所当然的就是殷墟，因此，中国的考古学是从殷墟正式起步的。

这一点非常重要，它不但规定了中国考古学的发展方向，也规定了中国古代历史研究的方向，就是说历史学与考古学的密切结合，就是从这里开始的，我们也可以看看如何把夏代的问题提上来。

与之平行的还有一件事，我们上节课曾经讲到，就是1923年古史辨讨论的开始，1923年胡适给其弟子顾颉刚写了一封信，是有关古史的，启发了顾颉刚先生对古史方面的研究，后来顾颉刚先生做了大量的工作，学术界展开了规模宏大的讨论，这就是古史辨。《古史辨》的第一册是在1926年出版的。

王国维先生也在这段时间里参与了讨论。王国维先生是1925

年到清华任国学研究院的导师，他对古史辨有一个评论，认为尧舜禹应该是实有其人。可是古史总有神话传说的成分，这种情况不但在中国，在世界各地都是一样的。怎么研究这些成分？怎么研究这些东西？怎么在古史的传说里找到古史的真相？一个很重要的方法就是利用在地下找到的相关文物。所以王先生提出了"二重证据法"，把地下出土的文物与历代文献的记载相结合，互相说明。所以我一再说明，二重证据法是当时新史学的重要组成部分，并不是像有些人说的，与新史学相悖。

王国维先生提出二重证据法，框定了中国古代史的研究与中国考古学的研究是密切结合的，这是非常重要的一点。那么王国维是怎么研究的？他所谈到的第一个问题就是夏代的禹这个问题。他举了两件铜器为例，一件是秦公簋，另一件是齐侯钟（现在一般称为叔夷钟）。这两件器物都是春秋时代的，秦公簋现在国家博物馆里陈列，大家都可以看到；齐侯钟是宋代发现的，现已不存。这两件器物分别是秦国和齐国的，但都不约而同地说"处禹之绪"，叔夷钟甚至还谈到了商汤伐夏，所以，王氏指出当时东西方的齐和秦这两个大国都承认夏朝的存在。

王国维还说，甲骨文证明了《史记·殷本纪》的可信，商朝的世系既然已经得到证明，那与之相关的《夏本纪》中的世系难道就没有一定根据吗？王国维提到的这个论点，一直到现在大家还在引用，而且我觉得也是合情合理的。

到了1930年，郭沫若在《中国古代社会研究》中也提到这个问题，同样举了这两个例子，来证明夏代的存在。

随着现代考古学在中国的建立，以及古史研究方法讨论的展开，可以看到其根据都与甲骨文和殷墟有关，于是就开始了考古学与文献密切相关的研究工作。殷墟的考古工作从 1928 年开始，除了在抗日战争等战乱时期被迫中断了一段时间外，其他时间一直没有停止过。殷墟可以说是全世界发掘时间最久的遗址之一，殷墟的发掘毫无疑问地还会有大的发展。殷墟的发掘证明了商代后期已经是一个发展相当成熟的古代文明社会，这句话是经过长时期的论证才得出的。一开始大家认为殷墟时期的商朝是一个比较原始的社会，这种观点最初相当普遍，包括一些很著名的学者早期都有这样的看法，后来经过长时间的发掘，证明了殷墟不是这样的社会。换句话说，殷墟时期的商朝已经是一个相当成熟发达的古代文明社会。在这种条件下，就有必要向前继续追溯，殷墟以前的文化究竟应该是什么样子的。这一问题在抗日战争之前，已经由李济等学者提出来了，就是殷墟以前一定有一个文明发展的时代，这在考古学上怎么证明？

20 世纪 50 年代，考古工作者在河南辉县的琉璃阁和郑州的二里岗找到了一些古文化遗存，它们属于商文化，但比殷墟还早。如果说殷墟是商代后期，这些应该是商代前期，当然，这只是大致的分法。特别是在郑州，发现了与殷墟面积差不多大的遗址，而且还发现了城址。令人惊奇的是，明清时代的郑州城，很大一部分就建在商朝城的上面。郑州商城的发现，让我们看到了商朝前期文明发展所达到的程度。

郑州商城发现后，当地的学者做了一些宣传工作，但因为有些学者提出不同意见，论证过程曾经非常之难，当地以安金槐先生为代表的一些考古学家作了长期的系统研究，找到了郑州商城的各个组成部分，并对其做了详细的考古学工作，最后写成考古报告，我们看后非常感动。郑州商城的发现，就把商代前期的概况基本上定下来了。那么再往前是怎么样呢？再往前就进入夏代了，所以大家非常希望找到夏代的都邑遗址。

在这方面作出重要贡献的是中国科学院考古所的徐炳昶先生，徐炳昶先生字旭生，曾著有《中国古史的传说时代》一书。该书是研究中国古代传说时代的经典之作，1943年出版，后来有修订本。徐先生有一个信念，他认为古书不仅有殷墟，还有夏墟，为什么我们不去考察一下呢？这一点当时也受到很多人的反对，他们认为夏朝根本不存在，哪里会有夏墟。但是徐先生坚持自己的看法，于是就带着一些青年学者到晋南豫西进行考察，这期间就发现了偃师二里头遗址。徐先生并不是第一个发现偃师二里头遗址的人，但却是第一个确认其存在的。偃师就在洛阳附近，二里头是偃师的一个村，这里发现的文化类型后来被命名为二里头文化（此前在郑州等地也曾发现了相关的文化类型，曾有人称之为洛达庙文化）。二里头遗址的发掘工作从那时开始到现在一直没有结束。

二里头文化现在已经公认是夏代文化，当然严格意义上说，它还不是夏文化的全貌，只相当于夏代的中晚期，再往前属于龙山文化。在20世纪70年代到80年代，考古工作者找到了登封王城岗。这是安金槐先生发现的，他曾任河南省考古研究所的所长。安先生在70年代后期到登封调查发掘，发现了韩国的阳城遗址，而且出土的陶片上就写有"阳城"二字。后来他们又发现了王城岗遗址，最初发现了一座龙山时代晚期的城址，引起了广泛关注，被认为可能就是禹都阳城，因为从时间和地点来看都是比较符合文献的。1978年学术界曾专门到现场召开了一个夏文化的讨论会，可是当时没有人能够肯定这个城址就是相当于禹都的阳城，因为这个城址太小了，城的每边只有一百米，只有一个操场大小，只能说是一个城堡，与禹都阳城的规模不相一致，但这是龙山时代城址最开始的发现。之前虽然有龙山城址的发现，但大家都不认识，比如山东章丘的城子崖、安阳的后冈等。真正认识就是从王城岗这里开始。今天所发现的龙山时代的城址已经有几十甚至是上百处，已经不稀奇了，但当时在考古学上还是新知识。从这个地点大家认识到，与文献相结合来探索夏代的都邑是完全可能的。现在可以告诉大家，王城岗这个城不是这么小的，那时候发现的小城只是相当于一个宫城的遗址，如同紫禁城之于北京城一样，只是一小部分，那个城实际上很大很大，目前有关工作正在进行当中。王城岗的时代可以说与夏禹的时代差不多，甚至比古书上所讲的夏禹还要早一点。当然，后来在山西襄汾还发现了陶寺遗址，大家都认为应该是尧都平阳，陶寺遗址的地点与尧舜时代的都城比较一致，而且从时间上看也包括了尧舜时代，这个问题我们就不详细讲了。

总之，现在中国的考古学对于朝代的追溯是沿着都邑考古的发展来进行的。一些都邑，比如殷墟，是商代后期的；郑州，商代前期的；偃师二里头，再往前的登封王城岗，襄汾陶寺，一直向前排列下去。襄汾陶寺可以说是中原地区最大的龙山文化城址，但还可以继续向前追溯。所以对中国的文明发展，包括对夏代的研究还是方兴未艾。但是要告诉大家，如果想要有像殷墟那样能够论证商代的城址来证明夏代，可能是一种奢望。因为殷墟发现了大量的甲骨文，直接记载了当时的大量历史，这是一种偶然的现象，并不是什么遗址都能出土甲骨文的。在一种可以保存上千年的物质上刻划文字是偶然的，而这种在甲骨上刻划文字的习俗也不是普遍存在的。所以我们对夏代历史文化的研究，只能是从符合它的时代、也符合它的地理、也符合它的文明程度等这样的角度来进行探索。而这个工作考古学正在做，我们对于中国文明起源和形成过程的探索也正在继续进行之中，希望很大。

大家常说现在是中国考古学的黄金时代，我说最好别这么说，中国太大了，历史太长了。欧洲的考古进行了二百多年，还有很多可以做的工作，中国的考古工作，能做的事情还多得很。真正的黄金时代还在以后，关于夏代文化可能还会有很多惊人的发现，这是完全可能的，只不过很可能就不是我所能看到的了。

《夏本纪》三家注原文

夏禹，^①名曰文命。^②禹之父曰鲧，鲧之父曰帝颛顼，^③颛顼之父曰昌意，昌意之父曰黄帝。禹者，黄帝之玄孙而帝颛顼之孙也。禹之曾大父昌意及父鲧皆不得在帝位，为人臣。

①【集解】《谥法》曰："受禅成功曰禹。"【正义】夏者，帝禹封国号也。《帝王纪》云："禹受封为夏伯，在豫州外方之南，今河南阳翟是也。"

②【索隐】《尚书》云"文命敷于四海"，孔安国云"外布文德教命"，不云是禹名。太史公皆以放勋、重华、文命为尧、舜、禹之名，未必为得。孔又云"虞氏，舜名"，则尧、舜、禹、汤皆名矣。盖古者帝王之号皆以名，后代因其行，追而为谥。其实禹是名。故张晏云"少昊已前，天下之号象其德；颛顼已来，天下之号因其名"。又按：《系本》"鲧取有辛氏女，谓之女志，是生高密"。宋衷云"高密，禹所封国"。【正义】《帝王纪》云："父鲧妻脩己，见流星贯昴，梦接意感，又吞神珠薏苡，胸坼而生禹。名文命，字密，身九尺二寸长，本西夷人也。《大戴礼》云'高阳之孙，鲧之子，曰文命'。

扬雄《蜀王本纪》云'禹本汶山郡广柔县人也，生于石纽'。《括地志》云："茂州汶川县石纽山在县西七十三里。《华阳国志》云'今夷人共营其地，方百里不敢居牧，至今犹不敢放六畜'。"按：广柔，隋改曰汶川。

③【索隐】皇甫谧云："鲧，帝颛顼之子，字熙。"又《连山易》云"鲧封于崇"，故《国语》谓之"崇伯鲧"。《系本》亦以鲧为颛顼子。《汉书·律历志》则云"颛顼五代而生鲧"。按：鲧既仕尧，与舜代系殊悬，舜即颛顼六代孙，则鲧非是颛顼之子。盖班氏之言近得其实。

当帝尧之时，鸿水①滔天，浩浩怀山襄陵，下民其忧。尧求能治水者，群臣四岳皆曰鲧可。尧曰："鲧为人负命毁族，不可。"四岳曰："等之未有贤于鲧者，愿帝试之。"于是尧听四岳，用鲧治水。九年而水不息，功用不成。于是帝尧乃求人，更得舜。舜登用，摄行天子之政，巡狩。行视鲧之治水无状，②乃殛鲧于羽山以死。③天下皆以舜之诛为是。于是舜举鲧子禹，而使续鲧之业。

①【索隐】一作"洪"。鸿，大也。以鸟大曰鸿，小曰雁，故近代文字大义者皆作"鸿"也。

②【索隐】言无功状。

③【正义】殛音纪力反。鲧之羽山，化为黄熊，入于羽渊。熊音乃来反，下三点为三足也，束皙《发蒙纪》云："鳖三足曰熊。"

尧崩，帝舜问四岳曰："有能成美尧之事者使居官？"皆曰："伯禹为司空，可成美尧之功。"舜曰："嗟，然！"命禹："女平水土，维是勉之。"禹拜稽首，让于契、后稷、皋陶。舜曰："女其往视尔事矣。"

禹为人敏给克勤；其德不违，其仁可亲，其言可信；声为律，[1]身为度，[2]称以出；[3]亹亹穆穆，为纲为纪。

[1]【索隐】言禹声音应钟律。

[2]【集解】王肃曰："以身为法度。"【索隐】按：今巫犹称"禹步"。

[3]【集解】徐广曰："一作'士'。"【索隐】按：《大戴礼》见作"士"。又一解云，上文声与身为律度，则权衡亦出于其身，故云"称以出"也。

禹乃遂与益、后稷奉帝命，命诸侯百姓兴人徒以傅土，行山表木，[1]定高山大川。[2]禹伤先人父鲧功之不成受诛，乃劳身焦思，居外十三年，过家门不敢入。薄衣食，致孝于鬼神。[3]卑宫室，致费于沟淢。[4]陆行乘车，水行乘船，泥行乘橇，[5]山行乘檋。[6]左准绳，右规矩，[7]载四时，[8]以开九州，通九道，陂九泽，度九山。令益予众庶稻，可种卑湿。命后稷予众庶难得之食。食少，调有余相给，以均诸侯。禹乃行相地宜所有以贡，及山川之便利。

[1]【集解】《尚书》"傅"字作"敷"。马融曰："敷，分也。"【索隐】《尚书》作"敷土随山刊木"。今案：《大戴礼》作"傅土"，故此纪依之。傅即付也，谓付功属役之事。若《尚书》作"敷"，敷，分也，谓令人分布

理九州之土地也。表木，谓刊木立为表记，与孔注《书》意异。

②【集解】马融曰："定其差秩祀礼所视也。"骃案：《尚书大传》曰"高山大川，五岳、四渎之属"。

③【集解】马融曰："祭祀丰絜。"

④【集解】包氏曰："方里为井，井间有沟，沟广深四尺。十里为成，成间有减，减广深八尺。"

⑤【集解】徐广曰："他书或作'蔂'。"骃案：孟康曰"橇形如箕，擿行泥上"。如淳曰"橇音'茅蔟'之'蔟'。谓以板置（其）泥上以通行路也"。【正义】按：橇形如船而短小，两头微起，人曲一脚，泥上擿进，用拾泥上之物。今杭州、温州海边有之也。

⑥【集解】徐广曰："檋，一作'桥'，音丘遥反。"骃案：如淳曰"檋车，谓以铁如锥头，长半寸，施之履下，以上山不蹉跌也"。又音纪录反。【正义】按：上山，前齿短，后齿长；下山，前齿长，后齿短也。檋音与是同也。

⑦【集解】王肃曰："左右言常用也。"【索隐】左所运用堪为人之准绳，右所举动必应规矩也。

⑧【集解】王肃曰："所以行不违四时之宜也。"

禹行自冀州始。冀州：既载①壶口，治梁及岐。②既修太原，至于岳阳。③覃怀致功，④至于衡漳。⑤其土白壤。⑥赋上上错，⑦田中中，⑧常、卫既从，大陆既为。⑨鸟夷皮服。⑩夹右碣石，⑪入于海。⑫

①【集解】孔安国曰："尧所都也。先施贡赋役载于书也。"郑玄曰："两河间曰冀州。"【正义】按：理水及贡赋从帝都为始也。黄河自胜州东，直南至华阴，即东至怀州南，又东北至平州碣石山入海也。东河之西，西河之东，南河之北，皆冀州也。

②【集解】郑玄曰："《地理志》壶口山在河东北屈县之东南，梁山在左冯翊夏阳，岐山在右扶风美阳。"【索隐】郑玄曰："《地理志》壶口山在河东北屈县之东南，梁山在左冯翊夏阳，岐山在右扶风美阳。"【正义】《括地志》云："壶口山在慈州吉昌县西南五十里冀州境也。梁山在同州韩城县东南十九里，岐山在岐州岐山县东北十里，二山雍州境也。"孔安国曰："从东循山理水而西也。"

③【集解】孔安国曰："太原今为郡名。太岳在太原西南。山南曰阳。"【索隐】岳，太岳，即冀州之镇霍太山也。按：《地理志》霍太山在河东彘县东。凡如此例，不引书者，皆《地理志》文也。【正义】《括地志》云："霍太山在沁州沁原县西七八十里。"

④【集解】孔安国曰："覃怀，近河地名。"郑玄曰："怀县属河内。"【索隐】按：河内有怀县，今验地无名"覃"者，盖"覃怀"二字或当时共为一地之名。

⑤【集解】孔安国曰："漳水横流。"【索隐】案：孔注以衡为横，非。王肃云"衡，漳，二水名"。《地理志》清漳水出上党沾县东北，至阜城县入河。浊漳水出上党长子县东，至邺入清漳也。【正义】《括地志》云："故怀

184

城在怀州武陟县西十一里。衡漳水在瀛州东北百二十五里平舒县界也。"

⑥【集解】孔安国曰："土无块曰壤。"

⑦【集解】孔安国曰："上上,第一。错,杂也,杂出第二之赋。"

⑧【集解】孔安国曰："九州之中为第五。"

⑨【集解】郑玄曰："《地理志》恒水出恒山,卫水在灵寿,大陆泽在钜鹿。"【索隐】此文改恒山、恒水皆作"常",避汉文帝讳故也。常水出常山上曲阳县,东入滱水。卫水出常山灵寿县,东入虖池。郭璞云"大陆,今钜鹿北广河泽是已"。为亦作也。

⑩【集解】郑玄曰:"鸟夷,东(北)〔方〕之民(赋)〔搏〕食鸟兽者。"孔安国曰:"服其皮,明水害除。"【正义】《括地志》云:"靺鞨国,古肃慎也,在京东北万里已下,东及北各抵大海。其国南有白山,鸟兽草木皆白。其人处山林间,土气极寒,常为穴居,以深为贵,至接九梯。养豕,食肉,衣其皮,冬以猪膏涂身,厚数分,以御风寒。贵臭秽不洁,作厕于中,圜之而居。多勇力,善射。弓长四尺,如弩,矢用楛,长一尺八寸,青石为镞。葬则交木作椁,杀猪积椁上,富者至数百,贫者数十,以为死人之粮。以土上覆之,以绳系于椁。头出土上,以酒灌酹,绳腐而止,无四时祭祀也。"

⑪【集解】孔安国曰:"碣石,海畔之山也。"

⑫【集解】徐广曰:"海,一作'河'。"【索隐】《地理志》云"碣石山在北平骊城县西南"。《太康地理志》云

"乐浪遂城县有碣石山，长城所起"。又《水经》云"在辽西临渝县南水中"。盖碣石山有二，此云"夹右碣石，入于海"，当是北平之碣石。

济、河维沇州：^①九河既道，^②雷夏既泽，雍、沮会同，^③桑土既蚕，于是民得下丘居土。^④其土黑坟，^⑤草繇木条。^⑥田中下，^⑦赋贞，作十有三年乃同。^⑧其贡漆丝，其篚织文。^⑨浮于济、漯，通于河。^⑩

①【集解】郑玄曰："言沇州之界在此两水之间。"

②【集解】马融曰："九河名徒骇、太史、马颊、覆釜、胡苏、简、絜、钩盘、鬲津。"

③【集解】郑玄曰："雍水沮水相触而合入此泽中，《地理志》曰雷泽在济阴城阳县西北。"【索隐】《尔雅》云"水自河出为雍"也。【正义】《括地志》云："雷夏泽在濮州雷泽县郭外西北。雍、沮二水在雷泽西北平地也。"

④【集解】孔安国曰："大水去，民下丘居平土，就桑蚕。"

⑤【集解】孔安国曰："色黑而坟起。"

⑥【集解】孔安国曰："繇，茂；条，长也。"

⑦【集解】孔安国曰："第六。"

⑧【集解】郑玄曰："贞，正也。治此州正作不休，十三年乃有赋，与八州同，言功难也。其赋下下。"

⑨【集解】孔安国曰："地宜漆林，又宜桑蚕。织文，锦绮之属，盛之筐筐而贡焉。"

⑩【集解】郑玄曰:"《地理志》云漯水出东郡东武阳。"【索隐】济水出河东垣县王屋山东,其流至济阴,故应劭云"济水出平原漯阴县东,漯水出东郡东武阳县北,至千乘县而入于海"。

海岱维青州:^①堣夷既略,^②潍、淄其道。^③其土白坟,海滨广潟,^④厥田斥卤。^⑤田上下,赋中上。^⑥厥贡盐绨,海物维错,^⑦岱畎丝、枲、铅、松、怪石,^⑧莱夷为牧,^⑨其篚檿丝。^⑩浮于汶,通于济。^⑪

①【集解】郑玄曰:"东自海,西至岱。东岳曰岱山。"【正义】按:舜分青州为营州、辽西及辽东。

②【集解】马融曰:"堣夷,地名。用功少曰略。"【索隐】孔安国云:"东表之地称嵎夷。"按:《今文尚书》及《帝命验》并作"禺铁",在辽西。铁,古"夷"字也。

③【集解】郑玄曰:"《地理志》潍水出琅邪,淄水出泰山莱芜县原山。"【索隐】潍水出琅邪箕县,北至都昌县入海。淄水出泰山莱芜县原山北,东至博昌县入济也。【正义】《括地志》云:"密州莒县潍山,潍水所出。淄州淄川县东北七十里原山,淄水所出。俗传云,禹理水功毕,土石黑,数里之中波若漆,故谓之淄水也。"

④【集解】徐广曰:"一作'泽',又作'斥'。"

⑤【集解】郑玄曰:"斥谓地咸卤。"【索隐】卤音鲁。《说文》云:"卤,咸地。东方谓之斥,西方谓之卤。"

⑥【集解】孔安国曰:"田第三,赋第四。"

187

⑦【集解】孔安国曰:"绨,细葛。错,杂,非一种。"郑玄曰:"海物,海鱼也。鱼种类尤杂。"

⑧【集解】孔安国曰:"畎,谷也。怪异好石似玉者。岱山之谷出此五物,皆贡之。"

⑨【集解】孔安国曰:"莱夷,地名,可以牧放。"【索隐】按:《左传》云莱人劫孔子,孔子称"夷不乱华",又云"齐侯伐莱",服虔以为东莱黄县是。今按:《地理志》黄县有莱山,恐即此地之夷。

⑩【集解】孔安国曰:"酓桑蚕丝中琴瑟弦。"【索隐】《尔雅》云"檿,山桑",是蚕食檿之丝也。

⑪【集解】郑玄曰:"《地理志》汶水出泰山莱芜县原山,西南入济。"

海岱及淮维徐州:①淮、沂其治,蒙、羽其蓺。②大野既都,③东原底平。④其土赤埴坟,⑤草木渐包。⑥其田上中,赋中中。⑦贡维土五色,⑧羽畎夏狄,⑨峄阳孤桐,⑩泗滨浮磬,⑪淮夷蠙珠臮鱼,⑫其篚玄纤缟。⑬浮于淮、泗,⑭通于河。

①【集解】孔安国曰:"东至海,北至岱,南及淮。"

②【集解】郑玄曰:"《地理志》沂水出泰山盖县。蒙,羽,二山名。"孔安国曰:"二水已治,二山可以种蓺。"【索隐】《水经》云淮水出南阳平氏县胎簪山,东北过桐柏山。沂水出泰山盖县艾山,南过下邳县入泗。蒙山在泰山蒙阴县西南。羽山在东海祝其县南,殛鲧之地。

③【集解】郑玄曰:"大野在山阳钜野北,名钜野泽。"

孔安国曰："水所停曰都。"

④【集解】郑玄曰："东原，地名。今东平郡即东原。"
【索隐】张华《博物志》云："兖州东平郡即《尚书》之
东原也。"【正义】广平曰原。徐州在东，故曰东原。水
去已致平复，言可耕种也。

⑤【集解】徐广曰："埴，黏土也。"

⑥【集解】孔安国曰："渐，长进；包，丛生也。"

⑦【集解】孔安国曰："田第二，赋第五。"

⑧【集解】郑玄曰："土五色者，所以为大社之封。"
【正义】《韩诗外传》云："天子社广五丈，东方青，南方
赤，西方白，北方黑，上冒以黄土。将封诸侯，各取方土，
苴以白茅，以为社也。"《太康地记》云："城阳姑幕有五
色土，封诸侯，锡之茅土，用为社。此土即《禹贡》徐
州土也。今属密州莒县也。"

⑨【集解】孔安国曰："夏狄，狄，雉名也。羽中旌旄，
羽山之谷有之。"

⑩【集解】孔安国曰："峄山之阳特生桐，中琴瑟。"
郑玄曰："《地理志》峄山在下邳。"【正义】《括地志》云：
"峄山在兖州邹县南二十二里。《邹山记》云'邹山，古
之峄山，言络绎相连属也。今犹多桐树'。"按：今独生桐，
尚徽，一偏似琴瑟。

⑪【集解】孔安国曰："泗水涯水中见石，可以为磬。"
郑玄曰："泗水出济阴乘氏也。"【正义】《括地志》云："泗
水至彭城吕梁，出石磬。"

⑫【集解】孔安国曰："淮、夷二水，出蠙珠及美鱼。"

郑玄曰:"淮夷,淮水之上夷民也。"【索隐】按:《尚书》
云"徂兹淮夷,徐戎并兴",今徐州言淮夷,则郑解为得。
蠙,一作"玭",并步玄反。暨,古"暨"字。暨,与也。
言夷人所居淮水之处,有此蠙珠与鱼也。又作"滨"。滨,
畔也。

⑬【集解】郑玄曰:"纤,细也。祭服之材尚细。"【正
义】玄,黑。纤,细。缟,白缯。以细缯染为黑色。

⑭【正义】《括地志》云:"泗水源在兖州泗水县东陪
尾山。其源有四道,因以为名。"

淮海维扬州:①彭蠡既都,阳鸟所居。②三江既入,③震泽致定。④
竹箭既布。⑤其草惟夭,其木惟乔,⑥其土涂泥。⑦田下下,赋下上
上杂。⑧贡金三品,⑨瑶、琨、竹箭,⑩齿、革、羽、旄,⑪岛夷卉服,⑫
其篚织贝,⑬其包橘、柚锡贡。⑭均江海,通淮、泗。⑮

①【集解】孔安国曰:"北据淮,南距海。"

②【集解】郑玄曰:"《地理志》彭蠡泽在豫章彭泽
西。"孔安国曰:"随阳之鸟,鸿雁之属,冬月居此泽也。"
【索隐】都,《古文尚书》作"猪"。孔安国云"水所停曰
猪",郑玄云"南方谓都为猪",则是水聚会之义。【正
义】蠡音礼。《括地志》云:"彭蠡湖在江州浔阳县东南
五十二里。"

③【索隐】韦昭云:"三江谓松江、钱唐江、浦阳江。"
今按:《地理志》有南江、中江、北江,是为三江。其南
江从会稽吴县南,东入海。中江从丹阳芜湖县西南,东

至会稽阳羡县入海。北江从会稽毗陵县北，东入海。故下文"东为中江"，又"东为北江"，孔安国云"有北有中，南可知也"。

④【集解】孔安国曰："震泽，吴南太湖名。言三江已入，致定为震泽。"【索隐】震，一作"振"。《地理志》会稽吴县"故周泰伯所封国，具区在其西，古文以为震泽"。又《左传》称"笠泽"，亦谓此也。【正义】泽在苏州西南四十五里。三江者，在苏州东南三十里，名三江口。一江西南上七十里至太湖，名曰松江，古笠泽江；一江东南上七十里至白蚬湖，名曰上江，亦曰东江；一江东北下三百余里入海，名曰下江，亦曰娄江：于其分处号曰三江口。顾夷《吴地记》云"松江东北行七十里，得三江口。东北入海为娄江，东南入海为东江，并松江为三江"是也。言理三江入海，非入震泽也。按：太湖西南湖州诸溪从天目山下，西北宣州诸山有溪，并下太湖。太湖东北流，各至三江口入海。其湖无通彭蠡湖及太湖处，并阻山陆。诸儒及《地志》等解"三江既入"皆非也。《周礼·职方氏》云"扬州薮曰具区，川曰三江"。按：五湖、三江者，韦昭注非也。其源俱不通太湖，引解"三江既入"，失之远矣。五湖者，菱湖、游湖、莫湖、贡湖、胥湖，皆太湖东岸，五湾为五湖，盖古时应别，今并相连。菱湖在莫厘山东，周回三十余里，西口阔二里，其口南则莫厘山，北则徐侯山，西与莫湖连。莫湖在莫厘山西及北，北与胥湖连；胥湖在胥山西，南与莫湖连：各周回五六十里，西连太湖。游湖在北二十里，在长山

东，湖西口阔二里，其口东南岸树里山，西北岸长山，湖周回五六十里。贡湖在长山西，其口阔四五里，口东南长山，山南即山阳村，西北连常州无锡县老岸，湖周回一百九十里已上，湖身向东北，长七十余里。两湖西亦连太湖。《河渠书》云"于吴则通渠三江、五湖"。《货殖传》云"夫吴有三江、五湖之利"。又《太史公自叙传》云"登姑苏，望五湖"是也。

⑤【集解】孔安国曰："水去布生。"

⑥【集解】少长曰夭。乔，高也。

⑦【集解】马融曰："渐，洳也。"

⑧【集解】孔安国曰："田第九，赋第七，杂出第六。"

⑨【集解】孔安国曰："金、银、铜。"郑玄曰："铜三色也。"

⑩【集解】孔安国曰："瑶、琨，皆美玉也。"

⑪【集解】孔安国曰："象齿、犀皮、鸟羽、旄牛尾也。"【正义】《周礼·考工记》云："犀甲七属，兕甲六属。"郭云："犀似水牛，猪头，大腹，庳脚，椭角，好食棘也。亦有一角者。"按：西南夷常贡旄牛尾，为旌旗之饰，《书》《诗》通谓之旄。故《尚书》云"右秉白旄"，《诗》云"建旐设旄"，皆此牛也。

⑫【集解】孔安国曰："南海岛夷草服葛越。"【正义】《括地志》云："百济国西南渤海中有大岛十五所，皆邑落有人居，属百济。"又倭国，武皇后改曰日本国，在百济南，隔海依岛而居，凡百余小国。此皆扬州之东岛夷也。按：东南之夷草服葛越，焦竹之属，越即芒祁也。

⑬【集解】孔安国曰:"织,细缯也。贝,水物也。"郑玄曰:"贝,锦名也。《诗》云'成是贝锦'。凡织者,先染其丝,织之即成〔文〕矣。"

⑭【集解】孔安国曰:"小曰橘,大曰柚。锡命乃贡,言不常也。"郑玄曰:"有锡则贡之,或时乏则不贡。锡,所以柔金也。"

⑮【集解】郑玄曰:"均,读曰沿。沿,顺水行也。"

荆及衡阳维荆州:①江、汉朝宗于海。②九江甚中,③沱、涔已道,④云土、梦为治。⑤其土涂泥。田下中,赋上下。⑥贡羽、旄、齿、革,金三品,杶、榦、栝、柏,⑦砺、砥、砮、丹,⑧维箘簬、楛,⑨三国致贡其名,⑩包匦菁茅,⑪其篚玄纁玑组,⑫九江入赐大龟。⑬浮于江、沱、涔、(于)汉,逾于雒,至于南河。

①【集解】孔安国曰:"北据荆山,南及衡山之阳。"

②【集解】孔安国曰:"二水经此州而入海,有似于朝,百川以海为宗。宗,尊也。"【正义】《括地志》云:"江水源出岷州南岷山,南流至益州,即东南流入蜀,至泸州,东流经三硖,过荆州,与汉水合。《孙卿子》云'江水其源可以滥觞'也。"又云:"汉水源出梁州金牛县东二十八里嶓冢山。"

③【集解】孔安国曰:"江于此州界,分为九道,甚得地势之中。"郑玄曰:"《地理志》九江在寻阳南,皆东合为大江。"【索隐】按:《寻阳记》九江者,乌江、蚌江、乌白江、嘉靡江、沙江、畎江、廪江、隄江、箘江。

193

又张淐《九江图》所载有三里、五畎、乌土、白蚌。九江之名不同。

④【集解】孔安国曰:"沱,江别名。涔,水名。"郑玄曰:"水出江为沱,汉为涔。"【索隐】涔,亦作"潜"。沱出蜀郡郫县西,东入江。潜出汉中安阳县(直)西〔南〕,北入汉。故《尔雅》云"水自江出为沱,汉出为潜"。【正义】《括地志》云:"繁江水受郫江。《禹贡》曰'岷山导江,东别为沱',源出益州新繁县。潜水一名复水,今名龙门水,源出利州绵谷县东龙门山大石穴下也。"

⑤【集解】孔安国曰:"云梦之泽在江南,其中有平土丘,水去可为耕作畎亩之治。"【索隐】梦,一作"瞢",邹诞生又音蒙。按:云土、梦本二泽名,盖人以二泽相近,或合称云梦耳。知者,据《左传》云楚子济江入于云中,又楚子、郑伯田于江南之梦,则是二泽各别也。韦昭曰:"云土今为县,属江夏南郡华容。"今按:《地理志》云江夏有云杜县,是其地。

⑥【集解】孔安国曰:"田第八,赋第三。"

⑦【集解】郑玄曰:"四木名。"孔安国曰:"榦,柘也。柏叶松身曰栝。"

⑧【集解】孔安国曰:"砥细于砺,皆磨石也。砮,石中矢镞。丹,朱类也。"

⑨【集解】徐广曰:"一作'箭足杆'。杆即楛也,音怙。箭足者,矢镞也。或以箭足训释箘簬乎?"骃案:郑玄曰"箘簬,聆风也"。

⑩【集解】马融曰:"言箘簬、楛三国所致贡,其名

194

善也。"

⑪【集解】郑玄曰："菣，缠结也。菁茅，茅有毛刺者，给宗庙缩酒。重之，故包裹又缠结也。"【正义】《括地志》云："辰州卢溪县西南三百五十里有包茅山。《武阳记》云'山际出包茅，有刺而三脊，因名包茅山'。"

⑫【集解】孔安国曰："此州染玄纁色善，故贡之。玑，珠类，生于水中。组，绶类也。"

⑬【集解】孔安国曰："尺二寸曰大龟，出于九江水中。龟不常用，赐命而纳之。"

荆河惟豫州：①伊、雒、瀍、涧既入于河，②荥播既都，③道荷泽，被明都。④其土壤，下土坟垆。⑤田中上，赋杂上中。⑥贡漆、丝、絺、纻，其筐纤絮，⑦锡贡磬错。⑧浮于雒，达于河。

①【集解】孔安国曰："西南至荆山，北距河水。"【正义】《括地志》云："荆山在襄州荆山县西八十里。《韩子》云'卞和得玉璞于楚之荆山'，即此也。"河，洛州北河也。

②【集解】孔安国曰："伊出陆浑山，洛出上洛山，涧出渑池山，瀍出河南北山，四水合流而入河。"【索隐】伊水出弘农卢氏县东，洛水出弘农上洛县冢领山，瀍水出河南穀城县潜亭北，涧水出弘农新安县东，皆入于河。【正义】《括地志》云："伊水出虢州卢氏县东峦山，东北流入洛。洛水出商州洛南县冢领山，东流经洛州郭内，又东合伊水。瀍水出洛州新安县东，南流至洛州郭内，

195

南入洛。涧水源出洛州新安县东白石山，东北与穀水合流，经洛州郭内，东流入洛也。"

③【集解】孔安国曰："荥，泽名。波水已成遏都。"【索隐】《古文尚书》作"荥波"，此及今文并云"荥播"。播是水播溢之义，荥是泽名。故《左传》云狄及卫战于荥泽。郑玄云："今塞为平地，荥阳人犹谓其处为荥播。"

④【集解】孔安国曰："荷泽在胡陵。明都，泽名，在河东北，水流洙覆被之。"【索隐】荷泽在济阴定陶县东。明都音孟猪。孟猪泽在梁国睢阳县东北。《尔雅》《左传》谓之"孟诸"，今文亦为然，唯《周礼》称"望诸"，皆此地之一名。【正义】《括地志》云："荷泽在曹州济阴县东北九十里定陶城东，今名龙池，亦名九卿陂。"

⑤【集解】孔安国曰："垆，疏也。"马融曰："豫州地有三等，下者坟垆也。"

⑥【集解】孔安国曰："田第四，赋第二，又杂出第一。"

⑦【集解】孔安国曰："细绵也。"

⑧【集解】孔安国曰："治玉石曰错，治磬错也。"

华阳黑水惟梁州：①汶、嶓既薮，②沱、涔既道，③蔡、蒙旅平，④和夷底绩。⑤其土青骊。⑥田下上，赋下中三错。⑦贡璆、铁、银、镂、砮、磬，⑧熊、黑、狐、狸、织皮。⑨西倾因桓是来，⑩浮于潜，逾于沔，⑪入于渭，乱于河。⑫

①【集解】孔安国曰："东据华山之南，西距黑水。"

【正义】《括地志》云:"黑水源出梁州城固县西北太山。"

②【集解】郑玄曰:"《地理志》岷山在蜀郡湔氐道,嶓冢山在汉阳西。"【索隐】汶,一作"崏",又作"岐"。岐山,《封禅书》一云渎山,在蜀都湔氐道西徼,江水所出。嶓冢山在陇西西县,汉水所出也。【正义】《括地志》云:"岷山在岷州溢乐县南一里,连绵至蜀二千里,皆名岷山,嶓冢山在梁州金牛县东二十八里。"湔音子践反。氐音丁奚反。

③【集解】孔安国曰:"沱、潜发源此州,入荆州。"

④【集解】孔安国曰:"蔡,蒙,二山名。祭山曰旅。平言治功毕也。"郑玄曰:"《地理志》蔡、蒙在汉嘉县。"【索隐】此非徐州之蒙,在蜀郡青衣县。青衣后改为汉嘉。蔡山不知所在也。蒙,县名。【正义】《括地志》云:"蒙山在雅州严道县南十里。"

⑤【集解】马融曰:"和夷,地名也。"

⑥【集解】孔安国曰:"色青黑也。"

⑦【集解】孔安国曰:"田第七,赋第八,杂出第七第九三等。"

⑧【集解】孔安国曰:"璆,玉名。"郑玄曰:"黄金之美者谓之镠。镂,刚铁,可以刻镂也。"

⑨【集解】孔安国曰:"贡四兽之皮也。织皮,今罽也。"

⑩【集解】马融曰:"治西倾山因桓水是来,言无余道也。"郑玄曰:"《地理志》西倾山在陇西临洮。"【索隐】西倾在陇西临洮县西南。桓水出蜀郡岐山西南,行羌中

197

入南海也。【正义】《括地志》云："西倾山今嵹台山，在洮州临潭县西南三百三十六里。"

⑪【集解】孔安国曰："汉上水为沔。"郑玄曰："或谓汉为沔。"

⑫【集解】孔安国曰："正绝流曰乱。"

黑水西河惟雍州：①弱水既西，②泾属渭汭。③漆、沮既从，④沣⑤水所同。⑥荆、岐已旅，⑦终南、敦物至于鸟鼠。⑧原隰底绩，至于都野。⑨三危既度，⑩三苗大序。⑪其土黄壤。田上上，赋中下。⑫贡璆、琳、琅玕。⑬浮于积石，至于龙门西河，⑭会于渭汭。⑮织皮昆仑、析支、渠搜，西戎即序。⑯

①【集解】孔安国曰："西距黑水，东据河。龙门之河在冀州西。"【索隐】《地理志》益州滇池有黑水祠。郑玄引《地说》云"三危山，黑水出其南"。《山海经》"黑水出昆仑墟西北隅"也。

②【集解】孔安国曰："导之西流，至于合黎。"郑玄曰："众水皆东，此独西流也。"【索隐】按：《水经》云"弱水出张掖删丹县西北，至酒泉会水县入合黎山腹"。《山海经》云"弱水出昆仑墟西南隅"也。

③【集解】孔安国曰："属，逮也。水北曰汭。言治泾水入于渭也。"郑玄曰："《地理志》泾水出安定泾阳。"【索隐】渭水出首阳县鸟鼠同穴山。《说文》云："水相入曰汭。"【正义】《括地志》云："泾水源出原州百泉县西南笄头山泾谷。渭水源出渭州渭原县西七十六里鸟鼠山，

今名青雀山。渭有三源，并出鸟鼠山，东流入河。"按：言理泾水及至渭水，又理漆、沮亦从渭流，复理沣水，亦同入渭者也。

④【正义】《括地志》云："漆水源出岐州普润县东南岐（漆）山漆溪，东入渭。沮水一名石川水，源出雍州富平县，东入栎阳县南。汉高帝于栎阳置万年县。《十三州（地理）志》云'万年县南有泾、渭，北有小河，即沮水也'。《诗》云古公去邠度漆、沮，即此二水。"

⑤【集解】音丰。

⑥【集解】孔安国曰："漆、沮之水已从入渭。沣水所同，同于渭也。"【索隐】漆、沮二水，漆水出右扶风漆县西，沮水《地理志》无文，而《水经》以沮水出北地直路县，东过冯翊祋祤县入洛。《说文》亦以漆、沮各是一水名。孔安国独以为一，又云是洛水。沣水出右扶风鄠县东南，北过上林苑。【正义】《括地志》云："雍州鄠县终南山，沣水出焉。"

⑦【集解】孔安国曰："荆在岐东，非荆州之荆也。"【正义】《括地志》云："荆山在雍州富平县，今名掘陵原。岐山在岐州岐山县东北十里。"《尚书正义》云："洪水时祭祀礼废。已旅祭，言理水功毕也。"按：雍州荆山即黄帝及禹铸鼎地也。襄州荆山县西荆山即卞和得玉璞者也。

⑧【集解】孔安国曰："三山名，言相望也。"郑玄曰："《地理志》终南、敦物皆在右扶风武功也。"【索隐】按：《左传》中南山，杜预以为终南山，《地理志》云"太一山古文以为终南，（华）〔垂〕山古文以为敦物"，皆在扶

199

风武功县东。【正义】《括地志》云："终南山一名中南山，一名太一山，一名南山，一名橘山，一名楚山，一名（泰）〔秦〕山，一名周南山，一名地肺山，在雍州万年县南五十里。"

⑨【集解】郑玄曰："《地理志》都野在武威，名曰休屠泽。"【正义】原隰，幽州地也。按：原，高平地也。隰，低下地也。言从渭州致功，西北至凉州都野、沙州三危山也。《括地志》云："都野泽在凉州姑臧县东北二百八十里。"

⑩【索隐】郑玄引《河图》及《地说》云"三危山在鸟鼠西南，与岐山相连"。度，刘伯庄音田各反，《尚书》作"宅"。

⑪【集解】孔安国曰："西裔之山已可居，三苗之族大有次序，禹之功也。"

⑫【集解】孔安国曰："田第一，赋第六，人功少。"

⑬【集解】孔安国曰："璆，琳，皆玉名。琅玕，石而似珠者。"

⑭【集解】孔安国曰："积石山在金城西南，河所经也。龙门山在河东之西界。"【索隐】积石在金城河关县西南。龙门山在左冯翊夏阳县西北。【正义】《括地志》云："积石山今名小积石，在河州枹罕县西七里。河州在京西一千四百七十二里。龙门山在同州韩城县北五十里。李奇云'禹凿通河水处，广八十步'。《三秦记》云'龙门水悬船而行，两旁有山，水陆不通，龟鱼集龙门下数千，不得上，上则为龙，故云暴鳃点额龙门下'。"按：

河在冀州西，故云西河也。禹发源河水小积石山，浮河东北下，历灵、胜北而南行，至于龙门，皆雍州地也。

⑮【正义】《水经》云"河水又南至潼关，渭水从西注之"也。

⑯【集解】孔安国曰："织皮，毛布。此四国在荒服之外，流沙之内。羌、髳之属皆就次序，美禹之功及戎狄也。"【索隐】郑玄以为衣皮之人居昆仑、析支、渠搜，三山皆在西戎。王肃曰"昆仑在临羌西，析支在河关西，西戎在西域"。王肃以为地名，而不言渠搜。今按：《地理志》金城临羌县有昆仑祠，敦煌广至县有昆仑障，朔方有渠搜县。

道九山：①汧及岐至于荆山，②逾于河；壶口、雷首③至于太岳；④砥柱、析城至于王屋；⑤太行、常山至于碣石，入于海；⑥西倾、朱圉、鸟鼠⑦至于太华；⑧熊耳、外方、桐柏至于负尾；⑨道嶓冢，至于荆山；⑩内方至于大别；⑪汶山之阳至衡山，⑫过九江，至于敷浅原。⑬

①【索隐】汧、壶口、砥柱、太行、西倾、熊耳、嶓冢、内方、岐是九山也。古分为三条，故《地理志》有北条之荆山。马融以汧为北条，西倾为中条，嶓冢为南条。郑玄分四列，汧为阴列，西倾次阴列，嶓冢为阳列，岐山次阳列。

②【集解】郑玄曰："《地理志》汧在右扶风也。"【索隐】汧，一作"岍"。按：有汧水，故其字或从"山"或

从"水"，犹岐山然也。《地理志》云吴山在汧县西，古文以为汧山。岐山在右扶风美阳县西北；荆山在左冯翊怀德县南也。【正义】《括地志》云："汧山在陇州汧源县西六十里。其山东邻岐、岫，西接陇冈，汧水出焉。岐山在岐州。"

③【索隐】雷首山在河东蒲阪县东南。

④【集解】孔安国曰："三山在冀州；太岳在上党西也。"【索隐】即霍泰山也。已见上。【正义】《括地志》云："壶口在慈州吉昌县西南。雷首山在蒲州河东县。太岳，霍山也，在沁州沁源县。"

⑤【集解】孔安国曰："此三山在冀州（之）南河之北。"【索隐】析城山在河东濩泽县西南。王屋山在河东垣县东北。《水经》云砥柱山在河东大阳县南河水中也。【正义】《括地志》云："厎柱山，俗名三门山，在陕州硖石县东北五十里黄河之中。孔安国云'厎柱，山名。河水分流，包山而过，山见水中，若柱然也'。"《括地志》云："析城山在泽州阳城县西南七十里。《注水经》云'析城山甚高峻，上平坦，有二泉，东浊西清，左右不生草木'。"《括地志》云："王屋山在怀州王屋县北十里。《古今地名》云'山方七百里，山高万仞，本冀州之河阳山也。'"

⑥【集解】孔安国曰："此二山连延，东北接碣石，而入于沧海。"【索隐】太行山在河内山阳县西北。常山，恒山是也，在常山郡上曲阳县西北。【正义】《括地志》云："太行山在怀州河内县北二十五里，有羊肠阪。恒山在定州恒阳县西北百四十里。道书《福地记》云'恒山

202

高三千三百丈，上方二十里，有太玄之泉，神草十九种，可度俗'。"

⑦【集解】郑玄曰："《地理志》曰朱圉在汉阳南。"孔安国曰："鸟鼠山，渭水所山，在陇西之西。"

⑧【集解】郑玄曰："《地理志》太华山在弘农华阴南。"【索隐】圉，一作"圍"。朱圉山在天水冀县南。鸟鼠山在陇西首阳县西南。太华即敦物山。

⑨【集解】郑玄曰："《地理志》熊耳在卢氏东。外方在颍川。嵩高山、桐柏山在南阳平氏东南。陪尾在江夏安陆东北，若横尾者。"【索隐】熊耳山在弘农卢氏县东，伊水所出。外方山即颍川嵩高县嵩高山，《古文尚书》亦以为外方山。桐柏山一名大复山，在南阳平氏县东南。陪尾山在江夏安陆县东北，《地理志》谓之横尾山。负音陪也。【正义】《括地志》云："华山在华州华阴县南八里。熊耳山在虢州卢氏县南五十里。嵩高山亦名太室山，亦名外方山，在洛州阳城县北二十三里也。桐柏山在唐州桐柏县东南五十里，淮水出焉。横尾山，古陪尾山也，在安州安陆县北六十里。"

⑩【集解】郑玄曰："《地理志》荆山在南郡临沮。"【索隐】此东条荆山，在南郡临沮县东北隅也。【正义】《括地志》云："嶓冢山在梁州。荆山在襄州荆山县西八十里也。"又云："荆山县本汉临沮县地也。沮水即汉水也。"按：孙叔敖激沮水为云梦泽是也。

⑪【集解】郑玄曰："《地理志》内方在竟陵，名立章山。大别在庐江安丰县。"【索隐】内方山在竟陵县东北。

203

大别山在六安国安丰县，今土人谓之甑山。【正义】《括
地志》云："章山在荆州长林县东北六十里。今汉水附章
山之东，与经史符会。"按：大别山，今沙洲在山上，汉
江经其左，今俗犹云甑山。注云"在安丰"，非汉所经也。

⑫【索隐】在长沙湘南县东南。《广雅》云："岣嵝
谓之衡山。"【正义】《括地志》云："岷山在茂州汶川县。
衡山在衡州湘潭县西四十一里。"

⑬【集解】徐广曰："浅，一作'灭'。"骃案：孔安
国曰"敷浅原一名傅阳山，在豫章"。【索隐】豫章历陵
县南有傅阳山，一名敷浅原也。

道九川：①弱水至于合黎，②余波入于流沙。③道黑水，至于
三危，入于南海。④道河积石，⑤至于龙门，南至华阴，⑥东至砥
柱，⑦又东至于盟津，⑧东过雒汭，至于大邳，⑨北过降水，至
于大陆，⑩北播为九河，同为逆河，⑪入于海。⑫嶓冢道漾，东
流为汉，⑬又东为苍浪之水，⑭过三澨，入于大别，⑮南入于
江，东汇泽为彭蠡，⑯东为北江，入于海。⑰汶山道江，东别为
沱，又东至于醴，⑱过九江，至于东陵，⑲东迆北会于汇，⑳东
为中江，入于海。㉑道沇水，东为济，入于河，泆为荥，㉒东出
陶丘北，㉓又东至于荷，㉔又东北会于汶，㉕又东北入于海。道
淮自桐柏，㉖东会于泗、沂，东入于海。㉗道渭自鸟鼠同穴，㉘
东会于沣，㉙又东北至于泾，㉚东过漆、沮，入于河。㉛道雒自熊
耳，㉜东北会于涧、瀍，㉝又东会于伊，㉞东北入于河。㉟

①【索隐】弱、黑、河、漾、江、沇、淮、渭、洛

204

为九川。

②【集解】郑玄曰:"《地理志》弱水出张掖。"孔安国曰:"合黎,水名,在流沙东。"【索隐】《水经》云合黎山在酒泉会水县东北。郑玄引《地说》亦以为然。孔安国云水名,当是其山有水,故所记各不同。【正义】《括地志》云:"兰门山,一名合黎,一名穷石山,在甘州删丹县西南七十里,《淮南子》云'弱水源出穷石山'。"又云:"合黎,一名羌谷水,一名鲜水,一名覆表水,今名副投河,亦名张掖河,南自吐谷浑界流入甘州张掖县。"今按:合黎水出临松县临松山东,而北流历张掖故城下,又北流经张掖县二十三里,又北流经合黎山,折而北流,经流沙碛之西入居延海,行千五百里。合黎山,张掖县西北二百里也。

③【集解】孔安国曰:"弱水余波西溢入流沙。"郑玄曰:《地理志》流沙在居延(西)〔东〕北,名居延泽。《地记》曰'弱水西流入合黎山腹,余波入于流沙,通于南海'。"马融、王肃皆云合黎、流沙是地名。【索隐】《地理志》云"张掖居延县西北有居延泽,古文以为流沙"。《广志》"流沙在玉门关外,有居延泽、居延城"。又《山海经》云"流沙出钟山,西南行昆仑墟入海"。按:是地兼有水,故一云地名,一云水名,马、郑不同,抑有由也。

④【集解】郑玄曰:"《地理志》益州滇池有黑水祠,而不记此山水所在。《地记》曰'三危山在鸟鼠之西南'。"孔安国曰:"黑水自北而南,经三危过梁州,入南海也。"【正义】《括地志》云:"黑水源出伊州伊吾县北百二十

205

里，又南流二千里而绝。三危山在沙州燉煌县东南四十里。"按：南海即扬州东大海，岷江下至扬州东入海也。其黑水源在伊州，从伊州东南三千余里至鄯州，鄯州东南四百余里至河州，入黄河。河州有小积石山，即《禹贡》"浮于积石，至于龙门"者。然黄河源从西南下，出大昆仑东北隅，东北流经于阗，入盐泽，即东南潜行入吐谷浑界大积石山，又东北流，至小积石山，又东北流，来处极远。其黑水，当洪水时合从黄河而行，何得入于南海？南海去此甚远，阻隔南山、陇山、岷山之属。当是洪水浩浩处，西戎不深致功，古文故有疏略也。

⑤【索隐】《尔雅》云："河出昆仑墟，其色白。"《汉书·西域传》云："河有两源，一出葱岭，一出于阗。于阗河北流，与葱岭河合，东注蒲昌海，一名盐泽。其水停居，冬夏不增减，潜行地中，南出积石为中国河。"是河源发昆仑，禹导河自积石而加功也。

⑥【集解】孔安国曰："至华山北而东行。"【正义】华阴县在华山北，本魏之阴晋县，秦惠文王更名宁秦，汉高帝改曰华阴。

⑦【集解】孔安国曰："砥柱，山名。河水分流，包山而过，山见水中，若柱然也。在西虢之界。"【正义】砥柱山俗名三门山，禹凿此山，三道河水，故曰三门也。

⑧【集解】孔安国曰："在洛北。"【索隐】盟，古"孟"字。孟津在河阳。《十三州记》云"河阳县在河上，即孟津"是也。【正义】杜预云："盟，河内郡河阳县南孟津也，在洛阳城北。都道所凑，古今为津，武王度之，近代呼

为武济。"《括地志》云："盟津，周武王伐纣，与八百诸侯会盟津。亦曰孟津，又曰富平津。《水经》云小平津，今云河阳津是也。"

⑨【集解】孔安国曰："洛汭，洛入河处。山再成曰邳。"【索隐】《尔雅》云"山一成曰邳"。或以为成皋县山是。【正义】李巡云："山再重曰英，一重曰邳。"《括地志》云："大邳山，今名黎阳东山，又曰青坛山，在卫州黎阳南七里。张揖云今成皋，非也。"

⑩【集解】郑玄曰："《地理志》降水在信都（南）。"孔安国曰："大陆，泽名。"【索隐】《地理志》降水字从"系"，出信都国，与虖池、漳河水并流入海。大陆在钜鹿郡。《尔雅》云"晋有大陆"，郭璞以为此泽也。【正义】《括地志》云："降水源出潞州屯留县西南，东北流，至冀州入海。"

⑪【集解】郑玄曰："下尾合名曰逆河，言相向迎受也。"

⑫【正义】播，布也。河至冀州，分布为九河，下至沧州，更同合为一大河，名曰逆河，而夹右碣石入于渤海也。

⑬【集解】郑玄曰："《地理志》漾水出陇西氏道，至武都为汉，至江夏谓之夏水。"【索隐】《水经》云漾水出陇西氏道县嶓冢山，东至武都沮县为汉水。《地理志》云至江夏谓之夏水。《山海经》亦以汉出嶓冢山。故孔安国云"泉始出山为漾水，东南流为沔水，至汉中东流为汉水"。【正义】《括地志》云："嶓冢山水始出山沮洳，故曰沮水。东南为漾水，又为沔水。至汉中为汉水，

至均州为沧浪水。始欲出大江为夏口，又为沔口。汉江一名沔江也。"

⑭【集解】孔安国曰："别流也。在荆州。"【索隐】马融、郑玄皆以沧浪为夏水，即汉河之别流也。《渔父歌》曰"沧浪之水清兮，可以濯吾缨"，是此水也。【正义】《括地志》云："均州武当县有沧浪水。庾仲雍《汉水记》'武当县西四十里汉水中有洲，名沧浪洲'也。《地记》云'水出荆山，东南流为沧浪水'。"

⑮【集解】孔安国曰："三澨，水名。"郑玄曰："在江夏竟陵之界。"【索隐】《水经》云"三澨，地名，在南郡邔县北"。孔安国、郑玄以为水名。今竟陵有三参水，俗云是三澨水。参音去声。

⑯【集解】孔安国曰："汇，回也。水东回为彭蠡大泽。"

⑰【集解】孔安国曰："自彭蠡，江分为三道入震泽，遂为北江而入海。"

⑱【集解】孔安国及马融、王肃皆以醴为水名。郑玄曰："醴，陵名也。大阜曰陵。长沙有醴陵县。"【索隐】按：骚人所歌"濯余佩于醴浦"，明醴是水。孔安国、马融解得其实。又虞喜《志林》以醴是江、沅之别流，而醴字作"澧"也。

⑲【集解】孔安国曰："东陵，地名。"

⑳【集解】孔安国曰："迤，溢也。东溢分流都共北会彭蠡。"

㉑【集解】孔安国曰："有北有中，南可知也。"【正

义】:《括地志》云:"禹贡三江俱会于彭蠡,合为一江,入于海。"

㉒【集解】郑玄曰:"《地理志》沇水出河东垣县东王屋山,东至河内武德入河,泆为荣。"孔安国曰 :"济在温西北。荣泽在敖仓东南。"【索隐】《水经》云:"自河东垣县王屋山东流为沇水,至温县西北为济水。"【正义】《括地志》云:"沇水出怀州王屋县北十里王屋山顶,岩下石泉渟不流,其深不测,既见而伏,至济源县西北二里平地,其源重发,而东南流,为泲水。"《水经》云沇东至温县西北为泲水,又南当巩县之北,南入于河。《释名》云:"济者,济也。"下"济"子细反。按:济水入河而南,截度河南岸溢荣泽,在郑州荣泽县西北四里。今无水,成平地。

㉓【集解】孔安国曰:"陶丘,丘再成者也。"郑玄曰:"《地理志》陶丘在济阴定陶西(北)〔南〕。"【正义】《括地志》云:"陶丘在濮州鄄城西南二十四里。又云在曹州城中。徐才《宗国都城记》云此城中高丘,即古之陶丘。"

㉔【集解】孔安国曰:"荷泽之水。"

㉕【正义】汶音问。《地理志》云汶水出泰山郡莱芜县原山,西南入泲。

㉖【正义】《地理志》云桐柏山在南阳平氏县东南,淮水所出。按:在唐州东五十余里。

㉗【集解】孔安国曰:"与泗、沂二水合入海。"

㉘【集解】孔安国曰:"鸟鼠共为雄雌同穴处,此山遂名曰鸟鼠,渭水出焉。"【正义】《括地志》云:"鸟鼠山,

今名青雀山，在渭州渭源县西七十六里。《山海经》云‘鸟鼠同穴之山，渭水出焉’。郭璞注云‘今在陇西首阳县西南。山有鸟鼠同穴。鸟名鵌。鼠名鼵，如人家鼠而短尾。鵌似鵽而小，黄黑色。穴入地三四尺，鼠在内，鸟在外’。"鵌音余。鼵，扶废反。鵽音丁刮反，似雉也。

㉙【正义】沣音丰。《括地志》云："雍州鄠县终南山，沣水出焉，北入渭也。"

㉚【正义】《括地志》云："泾水出原州百泉县西南笄头山泾谷，东南流入渭也。"

㉛【集解】孔安国曰："漆，沮，二水名，亦曰洛水，出冯翊北。"

㉜【集解】孔安国曰："在宜阳之西。"【正义】《括地志》云："洛水出商州洛南县西冢岭山，东北流入河。熊耳山在虢州卢氏县南五十里，洛所经。"

㉝【集解】孔安国曰："会于河南城南。"【正义】《括地志》云："涧水出洛州新安县东白石山之阴。"《地理志》云瀍水出河南穀城县潜亭北，东南入于洛。

㉞【集解】孔安国曰："会于洛阳之南。"

㉟【集解】孔安国曰："合于巩之东也。"

于是九州攸同，四奥既居，①九山刊旅，②九川涤原，③九泽既陂，④四海会同。六府甚修，⑤众土交正，致慎财赋，⑥咸则三壤成赋。⑦中国赐土姓："祗台德先，不距朕行。"⑧

①【集解】孔安国曰："四方之宅已可居也。"

②【集解】孔安国曰："九州名山已槎木通道而旅祭也。"

③【集解】孔安国曰："九州之川已涤除无壅塞也。"

④【集解】孔安国曰："九州之泽皆已陂障无决溢也。"

⑤【集解】孔安国曰："六府，金、木、水、火、土、谷。"

⑥【集解】郑玄曰："众土美恶及高下得其正矣。亦致其贡筐，慎奉其财物之税，皆法定制而入之也。"

⑦【集解】郑玄曰："三壤，上、中、下各三等也。"

⑧【集解】郑玄曰："中即九州也。天子建其国，诸侯祚之土，赐之姓，命之氏，其敬悦天子之德既先，又不距违我天子政教所行。"

令天子之国以外五百里甸服：①百里赋纳总，②二百里纳铚，③三百里纳秸服，④四百里粟，五百里米。⑤甸服外五百里侯服：⑥百里采，⑦二百里任国，⑧三百里诸侯。⑨侯服外五百里绥服：⑩三百里揆文教，⑪二百里奋武卫。⑫绥服外五百里要服：⑬三百里夷，⑭二百里蔡。⑮要服外五百里荒服：⑯三百里蛮，⑰二百里流。⑱

①【集解】孔安国曰："为天子（之）服治田，去王城面五百里内。"

②【集解】孔安国曰："甸内近王城者。禾稾曰总，供饲国马也。"【索隐】《说文》云："总，聚束草也。"

③【集解】孔安国曰："所铚刈谓禾穗。"【索隐】《说

文》云：“铚，获禾短镰也。”

④【集解】孔安国曰：“秸，稾也。服稾役。”【索隐】《礼·郊特牲》云“蒲越稾秸之美”，则秸是稾之类也。

⑤【集解】孔安国曰：“所纳精者少，粗者多。”

⑥【集解】孔安国曰：“侯，候也。斥候而服事也。”

⑦【集解】马融曰：“采，事也。各受王事者。”

⑧【集解】孔安国曰：“任王事者。”

⑨【集解】孔安国曰：“三百里同为王者斥候，故合三为一名。”

⑩【集解】孔安国曰：“绥，安也。服王者政教。”

⑪【集解】孔安国曰：“揆，度也。度王者文教而行之，三百里皆同。”

⑫【集解】孔安国曰：“文教之外二百里奋武卫，天子所以安。”

⑬【集解】孔安国曰：“要束以文教也。”

⑭【集解】孔安国曰：“守平常之教，事王者而已。”

⑮【集解】马融曰：“蔡，法也。受王者刑法而已。”

⑯【集解】马融曰：“政教荒忽，因其故俗而治之。”

⑰【集解】马融曰：“蛮，慢也。礼简怠慢，来不距，去不禁。”

⑱【集解】马融曰：“流行无城郭常居。”

东渐于海，西被于流沙，朔、南暨：①声教讫于四海。于是帝锡禹玄圭，以告成功于天下。②天下于是太平治。

①【集解】郑玄曰:"朔,北方也。"

②【正义】帝,尧也。玄,水色。以禹理水功成,故锡玄圭,以表显之。自此已上并《尚书·禹贡》文。

　　皋陶作士以理民。①帝舜朝,禹、伯夷、皋陶相与语帝前。皋陶述其谋曰:"信其道德,谋明辅和。"禹曰:"然,如何?"皋陶曰:"於!②慎其身修,③思长,④敦序九族,众明高翼,近可远在已。"⑤禹拜美言,曰:"然。"皋陶曰:"於!在知人,在安民。"禹曰:"吁!皆若是,惟帝其难之。⑥知人则智,能官人;能安民则惠,黎民怀之。能知能惠,何忧乎驩兜,何迁乎有苗,何畏乎巧言善色佞人?"⑦皋陶曰:"然,於!亦行有九德,亦言其有德。"乃言曰:"始事事,⑧宽而栗,⑨柔而立,⑩愿而共,⑪治而敬,扰而毅,⑫直而温,简而廉,刚而实,强而义,章其有常,吉哉。⑬日宣三德,蚤夜翊明有家。⑭日严振敬六德,亮采有国。⑮翕受普施,九德咸事,俊义在官,⑯百吏肃谨。毋教邪淫奇谋。非其人居其官,是谓乱天事。⑰天讨有罪,五刑五用哉。⑱吾言底可行乎?"禹曰:"女言致可绩行。"皋陶曰:"余未有知,思赞道哉。"⑲

　　①【正义】士若大理卿也。

　　②【正义】於音乌,叹美之辞。

　　③【正义】绝句。

　　④【集解】孔安国曰:"慎修其身,思为长久之道。"

　　⑤【集解】郑玄曰:"次序九族而亲之,以众贤明作羽翼之臣,此政由近可以及远也。"

　　⑥【集解】孔安国曰:"言帝尧亦以为难。"

213

⑦【集解】郑玄曰："禹为父隐，故言不及鲧。"

⑧【集解】孔安国曰："言其人有德，必言其所行事，因事以为验。"

⑨【集解】孔安国曰："性宽弘而能庄栗。"

⑩【集解】孔安国曰："和柔而能立事。"

⑪【集解】孔安国曰："愿愿而恭敬。"

⑫【集解】徐广曰："扰，一作'柔'。"骃案：孔安国曰"扰，顺也。致果为毅"。

⑬【集解】孔安国曰："章，明也。吉，善也。"

⑭【集解】孔安国曰："三德，九德之中有其三也。卿大夫称家，明行之可以为卿大夫。"

⑮【集解】孔安国曰："严，敬也。行六德以信治政事，可为诸侯也。"马融曰："亮，信；采，事也。"

⑯【集解】孔安国曰："翕，合也。能合受三六之德而用之，以布施政教，使九德之人皆用事。谓天子（也）如此，则俊德理能之士并皆在官也。"

⑰【索隐】此取《尚书·皋陶谟》为文，断绝殊无次序，即班固所谓"疏略抵捂"是也，今亦不能深考。

⑱【集解】孔安国曰："言用五刑必当。"

⑲【正义】皋陶云我未有所知，思之审赞于古道耳。谦辞也。已上并《尚书·皋陶谟》文，略其经，不全备也。

帝舜谓禹曰："女亦昌言。"禹拜曰："於，予何言！予思日孳孳。"皋陶难禹曰："何谓孳孳？"禹曰："鸿水滔天，浩浩怀山襄陵，下民皆服于水。予陆行乘车，水行乘舟，泥行乘橇，山行乘樏，行山刊木。①与益予众庶稻鲜食。②以决九川致四海，浚畎浍③致之川。与稷予众庶难得之食。食少，调有余补不足，徙居。众民乃定，万国为治。"皋陶曰："然，此而美也。"

①【正义】行，寒孟反。刊，口寒反。

②【集解】孔安国曰："鸟兽新杀曰鲜。"【索隐】予音与。上"与"谓"同与"之"与"，下"予"谓"施予"之"予"。此禹言其与益施予众庶之稻粮。

③【集解】郑玄曰："畎浍，田间沟也。"

禹曰："於，帝！慎乃在位，安尔止。①辅德，天下大应。清意以昭待上帝命，天其重命用休。"②帝曰："吁，臣哉，臣哉！臣作朕股肱耳目。予欲左右有民，女辅之。③余欲观古人之象。日月星辰，作文绣服色，女明之。予欲闻六律五声八音，来始滑，以出入五言，女听。④予即辟，女匡拂予。女无面谀，退而谤予。敬四辅臣。⑤诸众谗嬖臣，君⑥德诚施皆清矣。"禹曰："然。帝即不时，布同善恶则毋功。"⑦

①【集解】郑玄曰："安汝之所止，无妄动，动则扰民。"

②【集解】郑玄曰："天将重命汝以美应，谓符瑞也。"

③【集解】马融曰："我欲左右助民，汝当翼成我也。"

④【集解】《尚书》"滑"字作"智"，音忽。郑玄曰："智者，臣见君所秉，书思对命者也。君亦有焉，以出内政教于五官。"【索隐】《古文尚书》作"在治忽"，

今文作"采政忽"，先儒各随字解之。今此云"来始滑"，于义无所通。盖来采字相近，滑忽声相乱，始又与治相似，因误为"来始滑"，今依今文音"采政忽"三字。刘伯庄云"听诸侯能为政及怠忽者"，是也。五言谓仁、义、礼、智、信五德之言，郑玄以为"出纳政教五官"，非也。

⑤【集解】《尚书大传》曰："古者天子必有四邻，前曰疑，后曰丞，左曰辅，右曰弼。"

⑥【集解】徐广曰："一作'吾'。"【索隐】"诸众逸婪臣"为一句，"君"字宜属下文。

⑦【集解】孔安国曰："帝用臣不是，则贤愚并位，优劣共流故也。"

帝曰：①"毋若丹朱傲，维慢游是好，毋水行舟，朋淫于家，②用绝其世。予不能顺是。"禹曰："予（辛壬）娶涂山，〔辛壬〕癸甲，生启予不子，③以故能成水土功。辅成五服，至于五千里，州十二师，外薄四海，④咸建五长，⑤各道有功。苗顽不即功，⑥帝其念哉。"帝曰："道吾德，乃女功序之也。"

①【正义】此二字及下"禹曰"，《尚书》并无。太史公有四字，帝及禹相答极为次序，当应别见书。

②【集解】郑玄曰："朋淫，淫门内。"

③【集解】孔安国曰："涂山，国名。辛日娶妻，至于甲四日，复往治水。"【索隐】杜预云"涂山在寿春东北"，皇甫谧云"今九江当涂有禹庙"，则涂山在江南也。

《系本》曰"涂山氏女名女娲"，是禹娶涂山氏号女娲也。
又按：《尚书》云"娶于涂山，辛壬癸甲，启呱呱而泣，
予弗子"。今此云"辛壬娶涂山，癸甲生启"，盖《今文尚
书》脱漏，太史公取以为言，亦不稽其本意。岂有辛壬
娶妻，经二日生子？不经之甚。【正义】此五字为一句。
禹辛日娶，至甲四日，往理水，及生启，不入门，我不
得名子，以故能成水土之功。又，一云过门不入，不得
有子爱之心。《帝系》云"禹娶涂山氏之子，谓之女娲，
是生启"也。

④【集解】孔安国曰："薄，迫。言至海也。"【正义】
《尔雅》云："九夷八狄七戎六蛮谓之四海。"《释名》云：
"海，晦也。"按：夷蛮晦昧无知，故云四海也。

⑤【集解】孔安国曰："诸侯五国，立贤者一人为方
伯，谓之五长，以相统治。"

⑥【集解】孔安国曰："三苗顽凶，不得就官，善恶
分别。"

皋陶于是敬禹之德，令民皆则禹。不如言，刑从之。①舜德
大明。

①【索隐】谓不用命之人，则亦以刑罚而从之。

于是夔行乐，①祖考至，群后相让，鸟兽翔舞，《箫韶》九成，
凤凰来仪，②百兽率舞，百官信谐。帝用此作歌曰："陟天之命，
维时维几。"③乃歌曰："股肱喜哉，元首起哉，百工熙哉！"④皋

陶拜手稽首扬言曰："念哉，⑤率为兴事，慎乃宪，敬哉！"⑥乃更为歌曰："元首明哉，股肱良哉，庶事康哉！"（舜）又歌曰："元首丛脞哉，股肱惰哉，万事堕哉！"⑦帝拜曰："然，往钦哉！"于是天下皆宗禹之明度数声乐，⑧为山川神主。

①【正义】若今太常卿也。

②【集解】孔安国曰："《箫韶》，舜乐名。备乐九奏而致凤皇也。"

③【集解】孔安国曰："奉正天命以临民，惟在顺时，惟在慎微。"

④【集解】孔安国曰："股肱之臣喜乐尽忠，君之治功乃起，百官之业乃广。"

⑤【集解】郑玄曰："使群臣念帝之戒。"

⑥【集解】孔安国曰："率臣下为起治之事，当慎汝法度，敬其职。"

⑦【集解】孔安国曰："丛脞，细碎无大略也。君如此，则臣懈惰，万事堕废也。"

⑧【集解】徐广曰："《舜本纪》云禹乃兴九韶之乐。"

帝舜荐禹于天，为嗣。十七年①而帝舜崩。三年丧毕，禹辞辟舜之子商均于阳城。②天下诸侯皆去商均而朝禹。禹于是遂即天子位，③南面朝天下，国号曰夏后，姓姒氏。④

①【集解】刘熙曰："若此，则舜格于文祖，三年之后，摄禹使得祭祀与？"

②【集解】刘熙曰："今颍川阳城是也。"

③【集解】皇甫谧曰："都平阳，或在安邑，或在晋阳。"

④【集解】《礼纬》曰："祖以吞薏苡生。"

帝禹立而举皋陶荐之，且授政焉，而皋陶卒。①封皋陶之后于英、六，②或在许。③而后举益，任之政。

①【正义】《帝王纪》云："皋陶生于曲阜。曲阜偃地，故帝因之而以赐姓曰偃。尧禅舜，命之作士。舜禅禹，禹即帝位，以皋陶最贤，荐之于天，将有禅之意。未及禅，会皋陶卒。"《括地志》云："皋繇墓在寿州安丰县南一百三十里故六城东，东都陂内大冢也。"

②【集解】徐广曰："《史记》皆作'英'字，而以英布是此苗裔。"【索隐】《地理志》六安国六县，皋繇后偃姓所封国。英地阙，不知所在，以为黥布是其后也。【正义】英盖蓼也。《括地志》云："光州固始县，本春秋时蓼国。偃姓，皋陶之后也。《左传》云子燮灭蓼。《太康地志》云蓼国先在南阳故县，今豫州郾县界故胡城是，后徙于此。"《括地志》云："故六城在寿州安丰县南一百三十二里。《春秋》文五年秋，楚成大心灭之。"

③【集解】《皇览》曰："皋陶冢在庐江六县。"【索隐】许在颍川。【正义】《括地志》云："许故城在许州许昌县南三十里，本汉许县，故许国也。"

十年，帝禹东巡狩，至于会稽而崩。①以天下授益。三年之丧毕，益让帝禹之子启，而辟居箕山之阳。②禹子启贤，天下属意焉。及禹崩，虽授益，益之佐禹日浅，天下未洽。故诸侯皆去益而朝启，曰"吾君帝禹之子也"。于是启遂即天子之位，是为夏后帝启。

①【集解】皇甫谧曰："年百岁也。"

②【集解】《孟子》"阳"字作"阴"。刘熙曰："崇高之北。"【正义】按：阴即阳城也。《括地志》云："阳城县在箕山北十三里。"又恐"箕"字误，本是"嵩"字，而字相似。其阳城县在嵩山南二十三里，则为嵩山之阳也。

夏后帝启，禹之子，其母涂山氏之女也。

有扈氏不服，①启伐之，大战于甘。②将战，作《甘誓》，乃召六卿申之。③启曰："嗟！六事之人，④予誓告女：有扈氏威侮五行，怠弃三正，⑤天用剿绝其命。⑥今予维共行天之罚。⑦左不攻于左，右不攻于右，女不共命。⑧御非其马之政，女不共命。⑨用命，赏于祖；⑩不用命，僇于社，⑪予则帑僇女。"⑫遂灭有扈氏。天下咸朝。

①【集解】《地理志》曰扶风鄠县是扈国。【索隐】《地理志》曰扶风县鄠是扈国。【正义】《括地志》云："雍州南鄠县本夏之扈国也。《地理志》云鄠县，古扈国，有户亭。《训纂》云户、扈、鄠三字，一也，古今字不同耳。"

②【集解】马融曰："甘，有扈氏南郊地名。"【索隐】

220

夏启所伐，鄠南有甘亭。

③【集解】孔安国曰："天子六军，其将皆命卿也。"

④【集解】孔安国曰："各有军事，故曰六事。"

⑤【集解】郑玄曰："五行，四时盛德所行之政也。威侮，暴逆之。三正，天、地、人之正道。"

⑥【集解】孔安国曰："剿，截也。"

⑦【集解】孔安国曰："共，奉也。"

⑧【集解】郑玄曰："左，车左。右，车右。"

⑨【集解】孔安国曰："御以正马为政也。三者有失，皆不奉我命也。"

⑩【集解】孔安国曰："天子亲征，必载迁庙之祖主行。有功即赏祖主前，示不专也。"

⑪【集解】孔安国曰："又载社主，谓之社事。奔北，则僇之社主前。社主阴，阴主杀也。"

⑫【集解】孔安国曰："非但止身，辱及女子，言耻累之。"

夏后帝启崩，①子帝太康立。帝太康失国，②昆弟五人，③须于洛汭，作《五子之歌》。④

①【集解】徐广曰："皇甫谧曰夏启元年甲辰，十年癸丑崩。"

②【集解】孔安国曰："盘于游田，不恤民事，为羿所逐，不得反国。"

③【索隐】皇甫谧云号五观也。

　　④【集解】孔安国曰："太康五弟与其母待太康于洛
水之北，怨其不反，故作歌。"

　　太康崩，弟中康立，是为帝中康。帝中康时，羲、和湎淫，
废时乱日。①胤往征之，作《胤征》。②

　　①【集解】孔安国曰："羲氏，和氏，掌天地四时之官。
太康之后，沈湎于酒，废天时，乱甲乙也。"
　　②【集解】孔安国曰："胤国之君受王命往征之。"郑
玄曰："胤，臣名。"

　　中康崩，子帝相立。帝相崩，子帝少康立。①帝少康崩，子
帝予②立。帝予崩，子帝槐③立。帝槐崩，子帝芒④立。帝芒崩，
子帝泄立。帝泄崩，子帝不降⑤立。帝不降崩，弟帝扃立。帝扃崩，
子帝厪⑥立。帝厪崩，立帝不降之子孔甲，是为帝孔甲。帝孔甲立，
好方鬼神，事淫乱。夏后氏德衰，诸侯畔之。天降龙二，有雌雄，
孔甲不能食，⑦未得豢龙氏。⑧陶唐既衰，其后有刘累，⑨学扰龙⑩
于豢龙氏，以事孔甲。孔甲赐之姓曰御龙氏，⑪受豕韦之后。⑫
龙一雌死，以食夏后。夏后使求，惧而迁去。⑬

　　①【索隐】《左传》魏庄子曰："昔有夏之衰也，后羿
自鉏迁于穷石，因夏人而代夏政。恃其射也，不修人事，
而信用伯明氏之谗子寒浞。浞杀羿，烹之，以食其子，
子不忍食，杀于穷门。浞因羿室，生浇及豷。使浇灭斟
灌氏及斟寻氏，而相为浇所灭，后缗归于有仍，生少康。

222

有夏之臣靡，自有鬲收二国之烬以灭浞，而立少康。少康灭浇于过，后杼灭豷于戈，有穷遂亡。"然则帝相自被篡杀，中间经羿、浞二氏，盖三数十年。而此纪总不言之，直云帝相崩，子少康立，疏略之甚。【正义】《帝王纪》云："帝羿有穷氏未闻其先何姓。帝喾以上，世掌射正。至喾，赐以彤弓素矢，封之于鉏，为帝司射，历虞、夏。羿学射于吉甫，其臂长，故以善射闻。及夏之衰，自鉏迁于穷石，因夏民以代夏政。帝相徙于商丘，依同姓诸侯斟寻。羿恃其善射，不修民事，淫于田兽，弃其良臣武罗、伯姻、熊髡、龙圉而信寒浞。寒浞，伯明氏之谗子，伯明后以谗弃之，而羿以为己相。寒浞杀羿于桃梧，而烹之以食其子。其子不忍食之，死于穷门。浞遂代夏，立为帝。寒浞袭有穷之号，因羿之室，生豷及豷。豷多力，能陆地行舟。使豷帅师灭斟灌、斟寻，杀夏帝相，封豷于过，封豷于戈。恃其诈力，不恤民事。初，豷之杀帝相也，妃有仍氏女曰后缗，归有仍，生少康。初，夏之遗臣曰靡，事羿，羿死，逃于有鬲氏，收斟寻二国余烬，杀寒浞，立少康，灭豷于过，后杼灭豷于戈，有穷遂亡也。"按：帝相被篡，历羿、浞二世，四十年，而此纪不说，亦马迁所为疏略也。豷音五告反。豷音许器反。《括地志》云："故鉏城在滑州韦城县东十里。《晋地记》云河南有穷谷，盖本有穷氏所迁也。"《括地志》云："商丘，今宋州也。斟灌故城在青州寿光县东五十四里。斟寻故城，今青州北海县是也。故过乡亭在莱州掖县西北二十里，本过国地。故鬲城在洛州密县界。杜预云国名，今平原鬲县也。"

戈在宋郑之间也。寒国在北海平寿县东寒亭也。伯明其君也。臣瓒云斟寻在河南，盖后迁北海也。《汲冢古文》云太康居斟寻，羿亦居之，桀又居之。《尚书》云："太康失邦，兄弟五人须于洛汭。"此即太康居之，为近洛也。又吴起对魏武侯曰"夏桀之居，左河、济，右太华，伊阙在其南，羊肠在其北"。又《周书·度邑》篇云武王问太公"吾将因有夏之居"，即河南是也。《括地志》云："故鄩城在洛州巩县西南五十八里，盖桀所居也。阳翟县又是禹所封，为夏伯。"

②【索隐】音伫。《系本》云季伫作甲者也。《左传》曰杼灭豷于戈。《国语》云杼能帅禹者也。

③【索隐】音回。《系本》作"帝芬"。

④【索隐】音亡。邹诞生又音荒也。

⑤【索隐】《系本》作"帝降"。

⑥【索隐】音觐。邹诞生又音勤。

⑦【正义】音寺。

⑧【集解】贾逵曰："豢，养也。谷食曰豢。"

⑨【集解】服虔曰："后，刘累之为诸侯者，夏后赐之姓。"【正义】《括地志》云："刘累故城在洛州缑氏县南五十五里，乃刘累之故地也。"

⑩【集解】应劭曰："扰音柔。扰，驯也，能顺养得其嗜欲。"

⑪【集解】服虔曰："御亦养。"

⑫【集解】徐广曰："受，一作'更'。"骃案：贾逵曰"刘累之后至商不绝，以代豕韦之后。祝融之后封于

豕韦，殷武丁灭之，以刘累之后代之"。【索隐】按：《系本》豕韦，防姓。

⑬【集解】贾逵曰："夏后既飨，而又使求致龙，刘累不能得而惧也。"《传》曰迁于鲁县。

孔甲崩，子帝皋立。帝皋崩，①子帝发立。帝发崩，子帝履癸立，是为桀。②帝桀之时，③自孔甲以来而诸侯多畔夏，桀不务德而武伤百姓，百姓弗堪。乃召汤而囚之夏台，④已而释之。汤修德，诸侯皆归汤，汤遂率兵以伐夏桀。桀走鸣条，⑤遂放而死。⑥桀谓人曰："吾悔不遂杀汤于夏台，使至此。"汤乃践天子位，代夏朝天下。汤封夏之后，⑦至周封于杞也。⑧

①【集解】《左传》曰皋墓在殽南陵。

②【索隐】桀，名也。按：《系本》帝皋生发及桀。此以发生桀，皇甫谧同也。

③【集解】《谥法》："贼人多杀曰桀。"

④【索隐】狱名。夏曰均台。皇甫谧云"地在阳翟"是也。

⑤【集解】孔安国曰："地在安邑之西。"郑玄曰："南夷，地名。"

⑥【集解】徐广曰："从禹至桀十七君，十四世。"骃案：《汲冢纪年》曰"有王与无王，用岁四百七十一年矣"。【索隐】徐广曰："从禹至桀，十七君，十四世。"案：《汲冢纪年》曰"有王与无王，用岁四百七十一年"。【正义】《括地志》云："庐州巢县有巢湖，即《尚书》'成

汤伐桀，放于南巢'者也。《淮南子》云'汤败桀于历山，与末喜同舟浮江，奔南巢之山而死'。《国语》云'满于巢湖'。又云'夏桀伐有施，施人以妹喜女焉'。"女音女虑反。

⑦【正义】《括地志》云："夏亭故城在汝州郏城县东北五十四里，盖夏后所封也。"

⑧【正义】《括地志》云："汴州雍丘县，古杞国城也。周武王封禹后，号东楼公也。"

太史公曰：禹为姒姓，其后分封，用国为姓，故有夏后氏、有扈氏、有男氏、斟寻氏、①彤城氏、褒氏、费氏、②杞氏、缯氏、辛氏、冥氏、斟（氏）戈氏。孔子正夏时，学者多传《夏小正》云。③自虞、夏时，贡赋备矣。或言禹会诸侯江南，计功而崩，因葬焉，命曰会稽。会稽者，会计也。④

①【集解】徐广曰："一作'斟氏、寻氏'。"

②【索隐】《系本》男作"南"，寻作"鄩"，费作"弗"，而不云彤城及褒。按：周有彤伯，盖彤城氏之后。张敖《地理记》云："济南平寿县，其地即古斟寻国。"又下云斟戈氏，按《左传》《系本》皆云斟灌氏。

③【集解】《礼运》称孔子曰："我欲观夏道，是故之杞，而不足征也，吾得夏时焉。"郑玄曰："得夏四时之书，其存者有《小正》。"【索隐】《小正》，《大戴记》篇名。正征二音。

④【集解】《皇览》曰："禹冢在山阴县会稽山上。会

226

稽山本名苗山，在县南，去县七里。《越传》曰禹到大越，上苗山，大会计，爵有德，封有功，因而更名苗山曰会稽。因病死，葬，苇棺，穿圹深七尺，上无泻泄，下无邸水，坛高三尺，土阶三等，周方一亩。《吕氏春秋》曰'禹葬会稽，不烦人徒'。《墨子》曰'禹葬会稽，衣裘三领，桐棺三寸'。《地理志》云山上有禹井、禹祠，相传以为下有群鸟耘田者也。"【索隐】抵，至也，音丁礼反。苇棺者，以苇为棺。谓蘧蒢而敛，非也。禹虽俭约，岂万乘之主而臣子乃以蘧蒢裹尸乎？《墨子》言"桐棺三寸"，差近人情。【正义】《括地志》云："禹陵在越州会稽县南十三里。庙在县东南十一里。"

【索隐述赞】尧遭鸿水，黎人阻饥。禹勤沟洫，手足胼胝。言乘四载，动履四时。娶妻有日，过门不私。九土既理，玄圭锡兹。帝启嗣立，有扈违命。五子作歌，太康失政。羿浞斯侮，夏室不竞。降于孔甲，扰龙乖性。嗟彼鸣条，其终不令！

附　录

禹生石纽说的历史背景

夏代的历史文化，在近年学术界已经成了一个热门的研究课题。有学者探讨夏人渊源[①]，认为"应该包括两个方面：一是它的祖先为何人，二是它的发源地在何处"。在夏的发源地问题上，文中列举了河南、山西、山东、陕西等说，而以四川殿后。虽然承认"确实，从古籍中，说禹生于四川、禹生西羌的传说不少"，却又说："如果禹是从四川兴起来到中原为王的话，那么，四川早应该与中原关系相当密切了。但事实上，四川直到战国时代的秦国灭了蜀国之后，才与北方真正发生密切的联系。……而且中原地区时代更近一些的二里头文化，至今尚未见四川地区有这样发现的报道。所以，禹生四川之说尚难据信。"这是说四川为禹生地最无根据。

事实上，禹生于今四川的传说起源甚早，过去顾颉刚等先生曾有专门研究，这里无须详述。有关这一传说的记载，大家最熟悉的是《史记·六国年表》：

> 或曰东方物所始生，西方物之成孰（熟）。夫作事者

[①]　杨国勇：《夏族渊源地域考》，中国先秦史学会编《夏史论丛》，齐鲁书社，1985年。

必于东南，收功实者常于西北，故禹兴于西羌，汤起于亳，
周之王也以丰镐伐殷，秦之帝用雍州兴，汉之兴自蜀汉。

《集解》引皇甫谧云：“孟子称禹生石纽，西夷人也。传曰禹
生自西羌是也。”《正义》云：“禹生于茂州汶川县，本冉駹国，皆
西羌。”《夏本纪》正义也据皇甫谧《帝王世纪》说：“扬雄《蜀王
本纪》云：‘禹本汶山郡广柔县人也，生于石纽。’”又引“《括地志》
云：‘茂州汶川县石纽山在县西七十三里。’《华阳国志》云：‘今
夷人共营其地，方百里不敢居牧，至今犹不敢放六畜。’按：广柔，
隋改曰汶川。”

皇甫谧说孟子称禹生石纽云云，是有错误的，《孟子·离娄下》
只提到舜和文王，没有讲到禹。他大概是把陆贾的话误记成孟子
了。按《新语·术事》云：“文王生于东夷，大禹生于西羌，世
殊而地绝，法合而度同。”[1] 和《离娄下》“舜生于诸冯，迁于负夏，
卒于鸣条，东夷之人也；文王生于岐周，卒于毕郢，西夷之人也。
地之相去也千有余里，世之相后也千有余岁，得志行乎中国，若
合符节”一段语意类同。《新语》作于汉高祖时，《挟书令》尚未
解除，所以“大禹出于西羌”之说一定始于先秦。司马迁讲“禹
兴于西羌”应该也是由此而来。

禹生石纽之说，实出于《蜀王本纪》《华阳国志》等蜀人著作。
前已引及，蒙文通先生曾经指出，西汉元、成间博士褚少孙云：“蜀
王，黄帝后世也。至今在汉西南五千里，常来朝降输献于汉。”[2]《蜀
王本纪》等的内容即根据蜀人世传。禹的生地自然是当时蜀地流行

---

① 　王利器：《新语校注》卷上，中华书局，1986 年。文王一句有误。
② 　蒙文通：《巴蜀古史论述》，四川人民出版社，1981 年。

的传说之一，不过仔细考察起来，此说却有着相当深远的历史背景。

最近我在一篇拙文中提到，由文献记载看，"黄帝是先秦几个王朝的共同始祖。古书中常见'三代'，指夏、商、周，有时前面再加上虞（包括唐尧、虞舜）称作四代。虞、夏的祖先是黄帝之子昌意，商、周的祖先是黄帝之子玄嚣。这样的传说表明，以中原地区为中心的这几个王朝，虽然互相更代，仍有着血缘以及文化的联系"。[①]

如上面两节所述，《大戴礼记·帝系》说："青阳降居泜水，昌意降居若水。"青阳就是玄嚣，泜水《史记》作江水，系形近而误。玄嚣一系都活动在中原和北方，昌意一系则多与南方相关。[②]昌意所居若水，即今四川西部的雅砻江，传说中他或他的儿子乾荒娶蜀山氏女，而颛顼也生自若水[③]，历见于《大戴礼记·帝系》《山海经·海内经》《纪年》《世本》《史记·五帝本纪》《帝王世纪》《水经·若水注》等古书。《华阳国志》所记尤为详明。所以，昌意到颛顼这一系出于今四川，并不是蜀人独有的说法，而是古代公认的传说。禹生石纽之说放在这样的背景里，便不是独立的了。

章太炎所撰《序种姓》说："黄帝葬于桥山，地在秦陇，而项、喾皆自蜀土入帝中国。"[④]正是依照上述论据而言。

《华阳国志·蜀志》云："昌意娶蜀山氏之女。"《路史》认为蜀山即成都，而蜀山氏女在茂，即汶川所在的茂州。蜀君最早的蚕丛，居岷山石室中，蒙文通先生考定为今松潘的玉垒山。这些

① 李学勤：《炎黄文化与中华民族》，《炎黄春秋》总第 8 期。
② 李学勤：《〈帝系〉传说与蜀文化》，《四川文物·三星堆古蜀文化专辑》，1992 年。
③ 《吕氏春秋·古乐》。
④ 《章太炎全集（三）》，第 175、363 页，上海人民出版社，1984 年。按帝喾之说系据《华阳国志》误文。

地点，都与禹的生地石纽相去不远，由此可见，禹生石纽绝不是偶然产生的传说。禹生于西羌，是一个极富于启示性的传说，但如何解释，很不容易确定。

石纽这一带的羌人原非土著。以前马长寿先生作过详细研究，说明：“《后汉书·西南夷传》记：汉代时，‘其山有六夷、七羌、九氐，各有部落’。六夷指冉駹夷等，在汶山郡的西部；九氐指湔氐等，在长江发源地的湔氐道；七羌则指白马羌等，在白马岭一带。”羌族是在汉代以前从黄河上游的赐支河曲迁徙到岷江上游的。“从周到秦统治岷江上游诸族的主要是蚕丛所建的蜀国政权。……我疑羌民传说中的戈人就是蜀国之后所谓‘纵目人’之类，羌族战胜戈人的时期当在秦汉之际。”①

根据马长寿先生的意见，“西羌的起源很早，河湟地区也很早就形成了西羌分布的中心”。他们在先秦时期即陆续向南方、向中原迁徙，“例如大禹治水的时候，成汤建国的时候，武王伐纣的时候，幽王政变的时候，以及春秋时晋、秦争霸的时候，西羌以各种不同的名义多次向东方中原各地迁移”②。羌人到石纽一带是很晚的，在禹的时期，这一地区并没有羌人。

这样，就有以下的三种可能：

第一，禹生石纽是羌人到来以前蜀人的传说。如前所述，蜀人自称源出黄帝，其始封君为颛顼支庶，因而同禹有血缘联系。近年考古工作证明，在商代及其以前，蜀人已经和中原文化有所沟通。蜀国的陶盉、牙璋等确与二里头文化明显相关，而牙璋长

① 　马长寿：《氐与羌》，第 174-175 页，上海人民出版社，1984 年。
② 　马长寿：《氐与羌》，第 97-98 页，上海人民出版社，1984 年。

期成为蜀人的崇拜物①。二里头文化最可能是夏文化，其牙璋又最为发达。这指示我们，夏与蜀实有一定关联。

第二，禹生石纽是羌人带来的传说。"古代的氐和羌都是西戎，都居住在西方，又同属汉藏语系"②，故禹也有生于戎地之说，如《尚书纬·帝命验》有"姒戎文禹"之称，注云："姒，禹氏，禹生戎地，一名政命。"③

夏人与戎关系密切。《左传·定公四年》载，周初之封唐叔，"命以《唐诰》而封于夏虚，启以夏政，疆以戎索"④。可知夏代的中心地区仍保存戎的文化因素，晋国不得不沿用以行统治。作为西戎一部分的羌人移入四川，于是将禹的传说也带了过来。

第三，禹生石纽是夏人自己的传说。作为颛顼后裔的夏人本在四川境内，这有昌意到颛顼与蜀山氏通婚之说作为旁证。夏禹生在石纽，随后北上，遂都于中原，而有关传说仍保存在原地，为蜀人及后来的羌人所流传。

这三种可能的说法，究竟哪一种对，目前还没有足够的理由去判断。无论如何，禹生石纽的传说是很重要的，它反映着古代的历史实际。相信考古学和文献学、民族学的发展，会使这一传说得到进一步的阐明。

我们探讨已为人们淡忘的古史，必须充分利用一切材料，吸取各种学科的成果。简单地用荒昧无稽之类语句去否定古史传说，

① 李学勤：《〈帝系〉传说与蜀文化》，《四川文物·三星堆古蜀文化专辑》，1992 年。又见李学勤：《论香港大湾新出牙璋及有关问题》，《南方文物》1992 年第 1 期。

② 马长寿：《氐与羌》，第 9 页，上海人民出版社，1984 年。

③ 王利器：《新语校注》卷上，第 43 页，中华书局，1986 年；马国翰：《玉函山房辑佚书》，第 2030 页，上海古籍出版社，1990 年。

④ 参看杨伯峻：《春秋左传注》。

是不能揭示历史真相的。田野考古业已证明，长久以来被认为与中原不通的蜀地，实际同中原历史文化息息相关，对中国古代文明的形成发展多有贡献。这一点应该足以开拓我们的眼界。

（原载《大禹与夏文化研究》，巴蜀书社，1993 年 1 月；后收入《走出疑古时代》，长春出版社，2007 年 1 月）

《夏文化研究论集》序

呈献在读者面前的这本《夏文化研究论集》，内容丰富，充满了不同学术见解的争论。大家知道，夏代的历史和文化，是近年以来学术界一个非常热门的问题，许多学者正在关切和研究之中。随着有关研究不断深入，种种观点引起争论是当然的，甚至可以说是必要的。应该讲，彼此有别以至相反的看法，在推动研究的进展上都有积极的作用。

关于夏代历史文化的书，晚近已有若干部出版。例如，1985年，河南省考古学会、河南省博物馆将20世纪30年代起的多篇论文辑集为《夏文化论文选集》。同年，中国先秦史学会也专门编辑了一本《夏史论丛》。1987年，孙淼先生的《夏商史稿》问世，其上篇《夏代史》长达230余页。1988年，郑杰祥先生的《夏史初探》印行，更是第一部夏史专书。现在这本《夏文化研究论集》，又包含了很多新的成果，由之读者不难看到这方面研究逐步前进的轨迹。

《史记》于《五帝本纪》之后，即继以《夏本纪》《殷本纪》。历代史籍，都不怀疑夏朝的存在。晚清开始，疑古学风兴起，有学者就此质疑，但很多著作还是相信历史上曾有夏代。这主要是因为殷墟甲骨文的发现，证明《史记·殷本纪》中商代世系的记述基本是真实的，从而推想《夏本纪》也不会全属杜撰。在以甲骨文印证《殷本纪》上功绩最大的王国维先生，在清华讲授《古史新证》时便说："……《史记》所述商一代世系，以卜辞证之，虽不免小有舛驳，而大致不误，可知《史记》所据之《世本》全是实录，而由殷周世系之确实，因之推想夏后氏世系之确实，此又当然之事也。"

王国维的见解，很足以祛疑起信，不过信念究竟不是实证。商代的实有，是由甲骨文及殷墟的田野考古确证的，所以大家也期待着夏代的问题能沿着同样的途径解决。1930年，郭沫若先生在《中国古代社会研究》的《追论及补遗》里，就为夏禹问题提出"准实物的材料"。

夏代的历史存在是否能以证实商代一样的途径解决，我认为是不一定的。商代世系的论证根据的是甲骨文。甲骨文能被发现，是由于殷商时人有用龟甲兽骨占卜的习俗，并且有在所用甲骨上契刻卜辞的行为。对于殷商这样的文化来说，这种习俗行为实在是特例，并没有出现的必然性。可以设想，当时用其他材料来占卜，或者占卜后把卜辞记在竹木质的典册上，那么卜辞便不会保存下来。我们知道商代是有竹木简的，但简的实物迄今未能发现。夏代的情形也许正是这样，尽管有文字，却没有多少能传留至今。我们不能把希望单纯寄托在文字的发现上。中国社会科学院考古研究所的《新中国的考古发现和研究》指出："目前探索的夏代文化，它的范围比夏文化要窄一些，涉及的时空观念都比较具体，它是指夏禹至桀这一特定时期的，包括文献所记的十四世十七王，约四百余年间的文化遗存。就地域来说，主要是在传说夏王朝的活动范围之内。"按照这样的时空观念，将文献与考古的研究结合起来，问题应该终有明朗的一日。

谈到夏代的探索，我常联想到德国著名的考古学先驱谢里曼（Heinrich Schilemann）发掘特洛伊的工作。他自幼熟谙《荷马史诗》，确信史诗有真实的历史背景，不顾时人的讥讽嘲弄，毅然发掘希萨立克，完成了特洛伊城址的重大发现，重新揭示了希腊古典时代以前的文明。谢里曼的这种精神，难道不是值得我们借鉴的吗？

中国古代文明是世界上有数的独立起源的古代文明之一。夏代的探索和研究，对于阐明中国文明的兴起与发展，意义殊为重大。我们一定要把这方面的工作，坚持不懈地进行下去。

这本《夏文化研究论集》的各位作者，在学术研究上都有很多成就，在论文中为夏代的探索作出了贡献，我读后深受启迪，从而敢推荐给读者。对于为编辑、出版本书投入了大量精力的几位朋友，在此谨致以衷心的感谢！

1995 年 10 月 5 日夜

（原载中国先秦史学会、洛阳市第二文物工作队编：《夏文化研究论集》，中华书局，1996 年；后收入《拥篲集》，三秦出版社，2000 年 10 月)

古本《竹书纪年》与夏代史

探讨夏代历史文化的学者，都要引述《竹书纪年》（下称《纪年》）。特别是研究夏代的年代和都邑等，更离不开《纪年》的记载。《纪年》在有关夏代的材料中究竟占怎样的位置？可信的程度如何？这是本文试图说明的问题。文中只涉及古本《纪年》，今本暂置不论。

大家知道，《竹书纪年》是晋武帝时在汲县古墓中发现的竹简的一种。发现的时间有不同说法，据前人考订，应以太康二年即公元281年较为准确。[1] 出土的地点为汲县以西，依地志，在抗战前发掘的山彪镇大墓一带，由竹简内容和伴出器物可定为一座战国墓葬。当时所得竹简经荀勖、和峤等学者整理，共75卷（篇），《纪年》占12卷，或说13篇。历代学者对《纪年》作了很多研究，认为是魏国史书，其下限为魏襄王二十年，即公元前299年。[2] 从此推定，《纪年》原简为战国中叶写本。

《纪年》的价值，首先表现在战国史方面，清代以来，很多学者利用古本《纪年》校订《史记》战国部分的内容，成效卓著。现在可以说，已经没有人墨守《史记·六国年表》了。《纪年》的这种作用，是容易理解的，因为《纪年》本来是地下出土的战国原本，以战国人叙述战国事，尤其是与魏有关的事迹，自然比

---

[1]　陈梦家：《六国纪年》，第118页，学习生活出版社，1955年。

[2]　朱希祖：《汲冢书考》，中华书局，1959年；杨宽：《战国史》，第6页，上海人民出版社，1980年。

较翔实可据。

对战国以前的史事,《纪年》的价值是否和它的战国部分一样重要呢?这就需要对这部书的性质仔细作一些分析。

春秋时期的历史,传世有《春秋》经传。记事最丰富的《左传》,虽曾受到多年的怀疑,其真实可信近年已得到进一步证明。《纪年》的春秋部分,现存内容不多,但尚可看出这样几点:

第一,于晋国史事所记独详,有其他文献所没有的材料,如晋文侯杀携王、晋武公灭荀等事。有的记载和《春秋》经传不同,如云晋武公八年,"周师、虢师围魏,取芮伯万而东之"。《左传·桓公四年》则云此役围魏的是王师、秦师[①]。

第二,不少条与《春秋》相同,或大同小异,试举一些例子:

《纪年》:"鲁隐公及邾庄公盟于姑蔑。"《春秋·隐公元年》:"公及邾仪父盟于蔑。"

《纪年》:"纪子伯、莒子盟于密。"《春秋·隐公二年》文同,唯《左传》本经文"伯"字作"帛"。

《纪年》:"鲁桓公、纪侯、莒子盟于区蛇。"《春秋·桓公十二年》:"公会杞侯、莒子,盟于曲池。""杞"字《公》《榖》作"纪","曲池"《公》作"毆蛇"。

《纪年》:"陨石于宋五。"《春秋·僖公十六年》传文同。

《纪年》:"齐襄公灭纪郱、鄑、郚。"或引作:"齐襄公灭纪迁纪。"《春秋·庄公元年》:"齐师迁纪郱、鄑、郚。"

《纪年》:"齐人歼于遂。"《春秋·庄公十七年》文同。

---

① 方诗铭、王修龄:《古本竹书纪年辑证》,第70页,上海古籍出版社,1981年。本文引《纪年》及与文献对校多据此书,不一一注出。

《纪年》："郑弃其师。"《春秋·闵公二年》文同。

《纪年》："晋献公会虞师伐虢，灭下阳。"《春秋·僖公二年》："虞师、晋师灭下阳。"

《纪年》："惠公见获。"《春秋·僖公十五年》："获晋侯。"

《纪年》："周襄王会诸侯于河阳。"《春秋·僖公二十八年》："天王狩于河阳。"

《纪年》："楚囊瓦奔郑。"《春秋·定公四年》："楚囊瓦出奔郑。"

亲见《纪年》原本的杜预曾指出，《纪年》"文意大似《春秋》经"，是由于，"国史皆承告据实而书时事"①。《纪年》所依据的，可能是《孟子·离娄》所说的晋史《乘》。不过，从《纪年》多用谥法看来，已不是《乘》的原文。

关于《春秋·僖公二十八年》的"天王狩于河阳"，《左传》云："是会也，晋侯召王，以诸侯见，且使王狩。仲尼曰：'以臣召君，不可以训。'故书曰'天王狩于河阳'，言非其地也，且明德也。"《史记·晋世家》："孔子读史记，至（晋）文公，曰：'诸侯无召王。''王狩河阳'者，《春秋》讳之也。"可见鲁史《春秋》本有召王的记事，孔子加以修改。《纪年》说"周襄王会诸侯于河阳"，显然也有避讳之意，这可能是受了儒家的影响，未必是晋《乘》的体例。这一点说明，《纪年》是有比较明显的思想倾向的。

《纪年》一书的思想倾向，还有几点迹象可寻。

一点是纪异的倾向。《春秋》也有灾异的记事，但远不如《纪年》之多。例如《通鉴外纪》卷一注引《纪年》："三苗将亡，天雨血，夏有冰，地坼及泉，青龙生于庙，日夜出，昼日不出。"据《路史·后纪》注，与《墨子》说相似。又如，商纣时"天大

---

① 杜预：《春秋经传集解》后序。

噎";周昭王十九年"天大噎,雉兔皆震","夜有五色光贯紫微";周穆王伐楚(一说为越或纤),"大起九师,东至于九江,叱鼋鼍以为梁";穆王南征,"君子为鹤,小人为飞鸮";周宣王时"有兔舞镐","有马化为狐";周惠王时"郑人入王府取玉焉,玉化为蜮以射人也";晋献公时"周阳有兔舞于市"。诸如此类,反映了《纪年》的作者相信灾异感应、注重搜集神话传说的倾向,而书中的传说多带有战国时期的色彩。

人们常以为《纪年》和同出汲冢的《穆天子传》(包括《晋书·束皙传》所记《周穆王美人盛姬死事》)不同,前者是史籍,后者是传说。这是对的,但《穆天子传》同《纪年》还是有一定关系。如《纪年》云:

> 北唐之君来见,以一骊马,是生绿耳。

绿耳是《穆天子传》穆王八骏之一。《纪年》云:

> 穆王北征,行流沙千里、积羽千里。
> 穆王西征,至于青鸟之所解。

与《穆天子传》"自西王母之邦,北至于旷原之野,飞鸟之所解羽,千有九百里"等相合。《纪年》还明记:

> 穆王十七年,西征昆仑丘,见西王母。其年来见,宾于昭宫。
> 穆王见西王母,西王母止之,曰:有鸟谞人。

240

郭璞引之以证《穆天子传》。由此可见,《纪年》和《穆天子传》同出一墓,并不是偶然的事情。

《纪年》的夏代部分,也含有不少这一类传说性质的内容,如:夏后开舞九招,与《楚辞》《山海经》所述相应[①]。《山海经》云"开上三嫔于天",显为神话传说。

"洛伯用与河伯冯夷斗",河伯冯夷见《穆天子传》,作"河伯无夷"。二伯一般认为神名。《纪年》王亥故事所言"河伯",也可能有神话意味(雷学淇等学者则认为是实有的古国名[②],尚待讨论)。

帝廑即胤甲时"天有妖孽,十日并出",当然也是神话。

《太平御览》等书引《纪年》:

> 后桀伐岷山,岷山(或云岷山庄王)女于桀二人,曰琬曰琰。桀受二女,无子,刻其名于苕华之玉,苕是琬,华是琰,而弃其元妃于洛,曰妹喜氏。妹喜氏以与伊尹交,遂以间夏。

这也是一个传说故事。其中涉及妹喜在夏朝覆亡时的作用,尤值得注意。

妹喜与伊尹交一事,与史籍所载互相违背。应该指出,《纪年》书中其他同文献违背的地方,最突出的都和此事相类似。例如:

一、舜夺尧帝位的故事:"舜囚尧于平阳,取之帝位。""舜囚尧,复偃塞丹朱,使不与父相见也。"可能与此事有关的还有:"后

---

① 方诗铭、王修龄:《古本竹书纪年辑证》,第3页。

② 方诗铭、王修龄:《古本竹书纪年辑证》,第10页。

稷放帝子丹朱于丹水。"

二、启夺益王位的故事:"益干启位,启杀之。"

三、伊尹夺太甲王位的故事:"伊尹放大甲于桐,乃自立也。伊尹即位,放大甲七年,大甲潜出自桐,杀伊尹,乃立其子伊陟、伊奋,命复其父之田宅而中分之。"

这几个故事性质相像,都是以权术暴力来攫取君位,带有战国时期游说的那种意味。以伊尹一事而言,殷墟卜辞所见对伊尹的祭祀非常隆重,如果他是曾废太甲自立,后来又被太甲诛杀的罪人,怎么能享有那样隆崇的地位呢?事实上,战国时的游士正是用这类传说在列国游说的,如鹿毛寿说燕王哙,促使他让位给其相子之,就以启、益夺位一事为证。[①] 翻阅战国诸子的作品,不难看到很多古史记载都受到作者的观点影响,甚或是为了适应一定观点加以改造的。这种类似子书的特点,是《纪年》的又一思想倾向。

由于《纪年》有这样两种倾向,我们在援引时,对于其中像夏代这样较古的部分,必须注意区别和分析。

虽然如此,《纪年》对于研究夏代史仍然是一部极重要的书。试从世系、事迹、都邑、年代等四方面讨论。

夏朝的世系,《史记·夏本纪》有详细记载。据《史记索隐》可知,战国末年赵国人所作《世本》的世系,大体与《夏本纪》相同,重要的差别只有帝槐作帝芬、帝发和桀均为帝皋之子这两处。《纪年》现存夏代部分条数有限,但王名除个别的(中康、孔甲)以外,都已齐备。帝槐也作后芬,合于《世本》。帝扃为不降之弟,也与《夏本纪》相合。此外,《纪年》还提供了夏王的一些别名,

---

① 《战国策·燕策一》。

如帝廑即胤甲，帝发又名后敬等。所以《纪年》的发现进一步印证了夏世系，并证明至少战国中叶人们就是这样看夏世系的。

关于夏代的史事，《纪年》所记最重要且不见他书的，是夏与诸夷的关系。《纪年》载：相曾征伐淮夷和风夷、黄夷，其时于夷来宾；少康时，方夷来宾；杼征伐东海，至于王（一作"三"）寿；芬时，畎夷、于夷、方夷、黄夷、白夷、赤夷、玄夷、风夷、阳夷等九夷来御；芒"命九［夷］"，泄则"命畎夷、白夷、赤夷、玄夷、风夷、阳夷"等六夷；至发（桀的上一王）时，仍有诸夷宾于王门的记事。由此看来，对诸夷的统治是夏代的大事。淮泗间的九夷和较南的淮夷是否顺服，直接关系夏朝的盛衰。这在我们认识夏代史时，是值得深思的。

《纪年》记夏代各王的都邑，比其他文献更为详尽。"禹都阳城"之说，即首先见于《纪年》，与《世本》的《居篇》相同，可见这是战国中叶已有的通行见解，是关于禹都所在最早的记录。至于太康、羿、相、杼、胤甲、桀所居，《纪年》都有记载。大家知道，今辑《世本》虽系战国末所作，但同类讲世系的书籍早有渊源，《周礼·小史》即有"奠系世"的记述。这类书籍叙述了世系的传承，如《世本》便有《居篇》《作篇》等等。《纪年》所述都邑，可能即由这种古老的书籍而来。

在年代方面，《纪年》的内容更有价值，可分下面四点讨论：

第一，从现存《纪年》各条看，夏代各王应均有在位年数。今天可见的，如禹四十五年，启三（一作"二"）十九年，芬四十四年，不降五（一作"六"）十九年，昊（皋）三年。还有胤甲，可推知至少四十年。按《史记·三代世表》，司马迁云："余读谍记，黄帝以来皆有年数，稽其历谱谍终始五德之传，古文咸不同乖异。"可知当时谍记都有各王年数，不过互相分歧，未为司马迁采用而已。1977 年在安徽阜阳双古堆一号墓出土的竹简，内有《年表》一种，"上起西周，下迄于汉。记周秦以来各国君王在位之年"[①]，即这一类文献的实例。可惜《纪年》夏王年数已不完全了。

《纪年》所载夏王在位年数的可信性，没有可资核校的证据。《纪年》所记商王的在位年，武乙至少有三十五年，太（文）丁至少有十一年，则与《尚书·无逸》不符。《无逸》作于周初，与武乙、文丁相去不远，自较《纪年》更近实际。因此，《纪年》的夏王在位年只是出现较古的一种说法，我们也不可完全拘泥。

第二，《纪年》提供了夏代的总年数："自禹至桀十七世，有王与无王，用岁四百七十一年。"此为《太平御览》所引。《路史·后纪》注则云"并穷、寒四百七十二年"，这说明所谓"无王"，是指后羿、寒浞统治的时期。与此不同的说法，有《易纬稽览图》的四百三十一年和《帝王世纪》的四百三十二年[②]，都比《纪年》晚出。当然，《稽览图》等书之说也可能有较早的来源。

第三，《纪年》不但有夏代的总年数，还有商代和西周的总年数。

商代："汤灭夏以至于受，二十九王，用岁四百九十六年。"西周："自武王灭殷，以至幽王，凡二百五十七年。"这个商代总年数同于《易纬稽览图》，西周总年数则是特殊的。

《晋书·束皙传》云《纪年》"夏年多殷"，而后世所见却是殷年多夏，研究《纪年》的各家都未能作出满意解释。曾详读《纪

---

① 文物局古文献研究室、安徽省阜阳地区博物馆阜阳汉简整理组：《阜阳汉简简介》，《文物》1983 年第 2 期。

② 陈梦家：《殷虚卜辞综述》，第 213-214 页，科学出版社，1956 年。

年》原本的杜预、讨论过《纪年》与他书违异的刘知幾，也未提及此点。所谓"夏年多殷"，有可能是在整理《纪年》过程中产生的一种看法，随着释文的写定，后来得到了改正。《纪年》竹简应该是用魏国古文写成的，根据今天我们关于这种字体的知识，很不容易辨识。西晋时的学者在释读时遇到困难，很多地方要反复斟酌修改，才能写定，这是不难想象的事。

东汉安帝延光二年（123 年），尚书令陈忠上奏，批评刘歆历术"欲以合《春秋》，横断年数，损夏益周，考之表纪，差谬数百"①，这是汉代历法家一派的主张，与《束晳传》所说《纪年》"夏年多殷"不一定有什么关系。但从这件事可以知道，汉代对于夏代总年数已有不同的意见。

从《纪年》西周、商代、夏代三个总年数，能推算出《纪年》作者心目中夏代的绝对年代。这并不是目前我国在很多场合常用的夏代年代。后者不是单依《纪年》，而是分别选取西周、商代、夏代的年数，然后累积推出的。这个方法从各代看或许更合理些，不足之处是三个年数不出一源，因而丧失了系统性。例如，商代一般认为有 600 年左右，是据《左传》宣公三年"载祀六百"之说，比《纪年》多了约 100 年。

第四，《隋书·律历志》引《纪年》云："尧元年景子。""景子"系避唐讳，原当作"丙子"，是干支纪年。前人研究《纪年》，对此条多不相信，如朱右曾《竹书纪年存真》力主以干支纪年始于王莽时，认为"丙子"二字为荀勖、和峤等所加。②近年出土文物已经证明，这种看法是错误的，汉初已有系统的干支纪年，

---

① 《续汉书·律历志》，参看刘汝霖：《汉晋学术编年》卷五，第 43-44 页。
② 方诗铭、王修龄：《古本竹书纪年辑证》，第 63 页。

因此《纪年》有这一纪年法是完全可能的。

"尧元年丙子"一条指示我们，《纪年》作者通习历法，书中自尧以下年数自成系统，和后世各种纪年一样，有一定的历法学说作为背景。《纪年》在研究夏代的年代问题上有其特殊意义，正在于它是现知最早的一套年代学的系统。

总之，《竹书纪年》作为战国中叶魏人撰作的史书，有其时代色彩和思想倾向，但书中夏代部分有很多珍贵内涵，有些还没有得到应有的注意。今后我们探索夏代历史文化，对《纪年》还应作更多的利用和研究。

（原载《华夏文明》第 1 辑，北京大学出版社，1987 年；后收入《走出疑古时代》，长春出版社，2007 年 1 月）